캣시터
첫걸음

캣시터 첫걸음

박미선·김도윤 지음

좋은 캣시터를 위한 고양이 돌봄 가이드

이비락 樂

머리말

이 책을 선택해주신 독자님들
안녕하세요!

고양이를 정말로 사랑하는 많은 보호자님들이 있습니다. 자신의 삶은 두 번째로 여기며 고양이의 행복만을 위해 노력하는 모습을 많이 보아왔습니다. 그렇게 고양이는 행복하지만 보호자님은 여행조차 마음대로 가지 못하고, 설령 가게 되더라도 노심초사의 마음으로 짧게 다녀오는 아쉬운 삶을 살아갑니다. 그것을 지켜보는 고양이 마음은 어떨까요? 마냥 행복하지는 않을 것입니다. 고양이의 삶과 보호자님의 삶 모두가 균형 있게 행복하려면 어떻게 해야 할까 하는 고민으로 시작한 것이 '방문돌봄 서비스'입니다.

보호자가 없는 기간에 단순히 음식과 대소변을 해결해주는 '방문탁묘'에서, 고양이가 생활하는데 꼭 필요한 요소인 식이돌봄, 환경돌봄, 놀이돌봄으로 구성해 '방문돌봄'으로 발전시켜 보호자의 빈자리를 대신하게 되었습니다. 영역동물인 고양이에게는 편안함을, 보호자에게는 믿음과 신뢰로 다가가게 된 것입니다.

특히 고양이 돌봄을 표준화한 이 책을 통해 어떤 캣시터를 만나든 보호자 없이도 고양이가 안락하고 충만하게 생활할 수 있기를 바라는 마음으로 이 책을 준비하게 되었습니다.

캣시터가 알아야 할 내용뿐만 아니라 보호자가 캣시터에게 요청해야 하는 내용도 참고할 수 있도록 정리하였습니다. 캣시터들과 예비 캣시터, 캣시팅에 관심 있는 분들이 고양이를 돌보는 데 도움이 되기를 바랍니다. 아직은 잘 모르는 '캣시터'라는 직업이 세상에 알려지고 성장하는 고양이 산업에도 이 책이 미력하나마 기여하길 소망해 봅니다.

이 책은 순전히 고양이 돌봄현장의 경험으로 집필하였습니다. 부족한 것이나 잘못된 부분이 있을 경우에는 언제든 getmindcorp@gmail.com으로 연락주시면 바로잡도록 하겠습니다.

이 책이 세상에 나올 수 있도록 준비해 주신 이비락 강기원 대표님과 호기심고양이 전은숙 실장님께 가장 먼저 고마움을 표합니다. 세상의 고양이들을 만나 보듬온의 돌봄을 나눠준 소중한 돌봄선생들, 이 책에 일러스트로 생명을 불어넣은 돼지 보호자 김을희님, 늘 애정어린 응원을 보내준 아리스타 보미의 보호자 김은희님, 삼육대학교 오덕신 부총장님, 태릉동물병원 김재영 원장님, 무한한 애정을 선사한 박명래·김종례·박재운·김준겸·하정운·김지유님, 테스터로 늘 뒤에서 돕는 일리·짱아, 보듬온을 믿고 선택해주신 보듬온 보호자님들, 끝으로 보듬온 창업에 요람이 된 성북비즈니스센터 최승철 센터장님께 감사드립니다.

박미선 김도윤

추천사

고양이 보호자 여러분
안녕하세요!

고양이가 좋아서 동물병원에서 고양이들과 30여 년을 함께한 김재영 수의사입니다. 현재 태릉고양이 전문병원 대표 원장이며 27세 노묘 밍키의 보호자이기도 합니다.

오랜 시간 고양이들을 보살피며 느낀 점은 고양이가 건강하게 살아가기 위해서는 먹고 자고 누는 것이 원활하고 스트레스가 적어야 한다는 것입니다. 평소에는 보호자가 고양이들이 행복하도록 돕고 보호자가 없을 때는 이러한 생활을 유지하기 위해 좋은 캣시터를 만나 돌봄을 받는 것이 안정적입니다.

좋은 캣시터는 고양이를 좋아하고 고양이에 대해 전문지식을 갖추며 고양이를 대한 경험이 풍부해야 합니다. 의료 분야는 수의학을 통해서 배우지만 캣시팅 지식은 정리된 것을 찾기 어려웠는데 이제라도 책이 출간되어 지식의 디딤돌이 되니 무척 반가운 일입니다.

우리나라에서 제일 처음 돌봄서비스를 시작한 '보듬온'이 그동안 쌓아온 귀중한 경험과 노하우를 공개한 것은 쉬운 일이 아닙니다. 하지만 이 노하우는 돌봄서비스의 표준화를 정립하는데 초석이 될 것입니다.

경험 있는 캣시터에게는 캣시팅 시 누락된 것이 없는지 점검서가 될 것이며 초보 캣시터나 캣시터가 되려는 분들에게는 한 걸음씩 길을 알려주는 교과서가 될 것입니다. 또한 집을 비우는 일이 잦은 보호자가 읽는다면 자신의 고양이에게 어떤 준비를 해주면 좋을지 알게 되는 계기가 될 것입니다.

끝으로 이 책을 통해 좋은 캣시터가 많아져 고양이와 보호자의 행복한 생활에 도움이 되기를 바랍니다.

태릉고양이 전문병원 대표 원장 김재영

차례

머리말 04

추천사 06

PART 1
캣시터 준비
캣시터가 되기 위해 알고 갖추어야 할 것들

- 가족으로서의 고양이 16
- 보호자가 없을 때 고양이를 돌보는 방법 17
- 방문돌봄 서비스 알기 20
- 캣시터가 갖추어야 할 역량 22
- 캣시터가 되기 위한 돌봄 교육 24
- 캣시터로 일하는 방법 26

PART 2
고양이 돌봄 서비스
고양이 방문돌봄 서비스는 무엇인가요?

- 🐾 **방문돌봄 서비스란?** 30
- 🐾 **방문돌봄 서비스의 범위** 32
    - 식이돌봄 32
    - 환경돌봄 33
    - 놀이돌봄 33
    - 의료돌봄 34
- 🐾 **방문돌봄 서비스 절차** 35
- 🐾 **세부상담 & 예비미팅** 37
    - 세부상담 방법 38
    - 예비미팅 방법 39
- 🐾 **방문돌봄 전 체크리스트** 42
    - 돌봄 1~2일 전 42
    - 돌봄 당일 43
- 🐾 **방문돌봄 전 캣시터 준비사항** 44
    - 필수 준비물 44
    - 선택 준비물 45
- 🐾 **집을 비울 때 보호자 준비사항** 47
- 🐾 **돌봄 기록 및 공유** 50
    - 돌봄기록과 공유 50
    - 관리기록 및 피드백 51

PART 3
고양이 돌보기
고양이 돌봄시 해야 할 일

🐾 고양이 만나기 54
- 입실 전 준비 54
- 고양이와 인사하기 55
- 고양이 성향 파악하기 56
- 고양이 태도에 따른 돌봄방식 56

🐾 식이돌봄 58
- 주식 58
- 물 64
- 간식 67
- 영양제/보조제 69

🐾 환경돌봄 71
- 용변 관리 71
- 온습 관리 75

🐾 놀이돌봄 77
- 놀이의 종류 77
- 장난감 78
- 놀이 방식 83

🐾 의료돌봄 88
- 알약 투약 88
- 가루약, 물약 투약 91
- 안약, 귀약 투약 92
- 구토 처리 93

- **신체돌봄** 94
  - 빗질 94
  - 발톱깎기 95
- **안전 점검** 96
  - 창문, 방충망 96
  - 고양이 고립 97
  - 이물질 97
  - 전열기구 주의와 전기 차단 98
  - 고양이 존재 확인 98
  - 도어락 99

PART 4
캣시터 역량 갖추기
방문돌봄에 필요한 기술들

- 🐾 **안전 관리** 102
  - 고양이 안전 102
  - 보호자 안전 103
  - 캣시터 안전 103

- 🐾 **보호자와의 소통** 105
  - 커뮤니케이션 도구 105
  - 대화 방법 105

- 🐾 **이동과 기동성** 107

- 🐾 **복장과 태도** 109

- 🐾 **주택 출입** 112

- 🐾 **촬영 기술** 114
  - 보호자를 안심하게 하는 필수사진 114

- 🐾 **액션캠 관리** 117
  - 액션캠 구매 117
  - 배터리와 메모리 여분 관리 118

- 🐾 **트렌드 파악** 119
  - 유행하는 아이템들 119
  - 고양이계의 이슈 120

- 🐾 **응급상황 대처** 121
  - 고양이 가출 121
  - 고양이 병원 내원 123

PART 5
고양이 알기
캣시터가 알아야 할 고양이 상식

- 🐾 **한국에서 많이 키우는 고양이 품종** 128
    - 한국의 토종고양이 128
    - 브리티시 숏헤어, 아메리칸 숏헤어, 스코티시 폴드/스트레이트 129
    - 노르웨이숲, 렉돌, 아비시니안 129
    - 페르시안, 샴, 터키시 앙고라, 러시안 블루 130

- 🐾 **고양이 심기파악** 131
    - 귀 131
    - 꼬리 132
    - 수염 132

- 🐾 **많이 걸리는 고양이 질환** 133
    - 내과 질환 133
    - 치과 질환 134
    - 안과 질환 134
    - 외과 질환 134
    - 피부과 질환 135

PART 1

캣시터 준비

캣시터가 되기 위해 알고 갖추어야 할 것들

고양이를 전문적으로 돌보는 캣시팅을 하기 위해서는 캣시터로서 갖추어야 할 것들이 있다. 고양이에 대한 경험과 생명을 대하는 마음가짐, 고양이 돌봄에 필요한 기술들을 익혀야 한다. 캣시팅의 필요성과 직업으로서 캣시팅 교육과 일은 어디서 어떻게 할지 알아본다.

가족으로서의 고양이

우리나라에서 고양이란 어떤 존재일까. 어릴 적 읽은 소설 《검은 고양이》에서 고양이의 이미지는 무서웠고, 어른들은 도둑고양이가 쓰레기봉투를 뜯는다며 싫어했다. 그러나 지금은 다르다. 도둑고양이의 호칭은 '길고양이'가 되고 캣맘들이 동네 고양이들의 밥을 챙기고 중성화를 도와준다.

고양이를 키우지 않는 사람들은 '나만 없어 고양이'라는 말로 고양이와 함께 지내는 부러움을 표현한다. 특정 고양이의 팬덤이 형성되기도 하고, 스트레스를 받을 때 귀여운 고양이를 보면서 즐기는 '랜선 집사'들도 아주 많다. TV 광고에서도 강아지보다 고양이가 더 많이 등장하는 추세다.

반려동물 1,000만 시대는 이미 몇 년 전 통계이며, 이 중에서 20~30%는 고양이로 추정된다. 펫팸족이라는 말이 생겨날 정도로 고양이와 개는 함께 사는 반려동물이 되었고 1인 가구나 부부들이 키우는 고양이는 집안의 공식적인 '아기'가 되었다. 아기는 사랑스럽고 보살핌을 받는 공식적인 존재인데 고양이가 그러한 아기가 된 것이다. 또 보호자를 '집사'로 부를 정도로 그들은 주인님이 되시(?)었다. 내 가족이며, 아기이자 주인님에게는 무엇을 해줘도 아깝지 않고 사랑만 주고 싶은 것이 보호자들의 마음이다. 고양이는 이제 가정에 사람 아기가 태어나도 함께 사는 진짜 가족이 된 것이다.

캣시터 준비

보호자가 없을 때 고양이를 돌보는 방법

보호자들이 여행이나 출장, 명절에 어쩔 수 없이 집을 비워야 할 때 홀로 남는 우리 고양이는 어떡해야 할까. 고양이는 개와 달리 '영역동물'이다. 영역동물은 자기의 구역을 벗어나면 큰 스트레스를 받는다. 즉, 보호자와 함께 이동하기 어려운 상황. 그렇다면 보호자는 아무 데도 가지 말아야 할까?
고양이는 무척 중요하다. 그리고 보호자도 행복권이 있다. 서로의 행복을 해치지 않아야 행복하게 오래 살 수 있는 것이다. 보호자도 (표현이 이상하지만) 사람으로서의 활동을 해야 스트레스도 줄고 행복할 수 있다. (여름 휴가철이나 명절에 유기되는 반려동물이 많은 것은 통계로 드러나 있다.) 그렇다면 보호자는 어떻게 해야 할까? 보호자가 없는 동안 고양이를 돌볼 수 있는 방법을 찾아보자.

고양이를 돌볼 방법은 4가지 정도로 생각해 볼 수 있다. 내 고양이를 잘 아는 지인에게 도움 청하는 방법, 고양이 호텔이나 위탁 탁묘자에게 맡기는 방법, 방문돌봄 서비스를 이용하는 방법이 있다.
고양이의 건강과 컨디션, 성향 그리고 보호자의 현재 상황에 맞추어 결정하도록 하자.

내 고양이를 잘 아는 지인에게 도움 청하기

평소에 내 고양이와 교류가 있고 서로가 익숙하다면 돌봄시 해야 할 일들을 정리해서 요청하여 도움을 받도록 한다. 도움받은 후에는 꼭 감사를 표현하자.

지인 도움

고양이 호텔 이용하기

사회성이 좋고 영역동물이지만 이동이나 영역에 대한 스트레스가 적은 고양이라면 고양이 전용 호텔에 맡기는 것도 고려해 볼 수 있다. 맡기기 전에 작은 우리 안에 갇혀 있지 않도록 환경과 늘 사람이 상주하여 안전에 대비할 수 있는지 체크해 보아야 한다. 시시때때로 간호가 필요한 아픈 고양이일 경우는 병원을 고려해보자.

고양이 호텔 이용

방문돌봄 서비스 이용하기

고양이를 잘 아는 전문가가 집에 찾아와 고양이를 돌보는 방문돌봄 서비스는 영역동물인 고양이에게 잘 맞는다. 먹는 것과 용변 해결 이외에도 캣시터와 놀이하며 스트레스를 해소할 수 있다. 보호자 부재 시 스트레스가 가장 적은 방법이다.

방문돌봄 서비스 이용

위탁 탁묘 이용하기

고양이가 혼자 있기에 너무 긴 기간은 제2의 보호자와 함께 있을 수 있는 위탁 탁묘를 고려해 보아야 한다. 밥과 화장실이 해결된다고 해도 고양이도 외로움을 느끼는 동물이기 때문에 1개월 이상 장기로 집을 비워야 할 경우에는 고양이가 적응할 기간을 고려하더라도 항상 돌봐 줄 수 있는 사람이 있는 위탁 탁묘가 도움이 된다.

위탁 탁묘 이용

방문돌봄 서비스 알기

방문돌봄 서비스란 고양이 돌봄 전문가가 반려동물이 거주하는 집에 방문하여, 식이, 배변 등 고양이의 생활과 심리적 안정에 필요한 도움을 주는 전문서비스이다. 보호자가 2~3주 이하로 단기간 집을 비울 때 추천하는 돌봄 방법이다.

돌봄 전문서비스가 생기기 전에는 인터넷 카페에서 서로 품앗이 하듯 계약서를 적고 다른 보호자가 방문해 고양이를 돌보아 주곤 했다. 그러나 돌보아 주는 수준이 천차만별이고 고양이를 잃어버리거나 책임감 없이 잠적하는 경우도 발생해 우려를 낳았다. 그러나 현재는 방문돌봄 서비스하는 회사가 있어 적절한 회사를 찾아 예약하면 캣시터가 방문해 고양이를 돌본다.

식이돌봄   환경돌봄   놀이돌봄

고양이 돌봄 이외에도 주인이 없는 빈집에 캣시터가 방문하기 때문에 보안도 중요하므로 신뢰가 있고 책임질 수 있는 곳을 선택하는 추세이다. 편안한 캣시터를 만나 고양이가 낯선 사람에 대한 긍정적 경험을 쌓게 되면 사회화에도 도움이 된다.

고양이의 입장에서는 내 환경이 바뀌는 것보다는 환경은 그대로인 상태로 잠시 낯선 사람을 만나는 것이 스트레스가 덜한 편이다. 보호자가 없는 동안 누군가가 나타나서 나에게 밥도 주고, 화장실도 치워주고, 심지어 나랑 재미있는 사냥놀이까지 한다면 엄마 없는 동안 '귀인'을 만난 것 아닐까?

캣시터가 갖추어야 할 역량

캣시터는 눈에 보이지 않는 능력이 더 중요하다고 볼 수 있다. 동물을 사랑하고 생명체를 존중하는 마음이 가장 기본이다. 인성이 훌륭하면 기술적인 역량은 배워가면서 익힐 수 있다. 고양이를 대하는 직업이지만, 실제로 커뮤니케이션 하는 대상은 보호자이기 때문에 전문적인 서비스업이기도 해서 스스로 잘 맞는 직업인지 판단해보고 시작하자.

- ☑ 고양이를 사랑하는 마음과 생명을 존중하는 인성
- ☑ 보호자를 대신하는 책임감
- ☑ 고양이에게 맞는 최적의 보살핌을 주는 전문성
- ☑ 위급상황 시 대응할 수 있는 순발력
- ☑ 보이지 않더라도 한결같이 일하는 성실성과 도덕성
- ☑ 지속적으로 일하기 위한 체력
- ☑ 보호자와 원활한 커뮤니케이션을 위한 소통력

고양이 알기
- 고양이 상식과 전문성
- 키워본 경험

기동력
- 지도보기
- 대중교통 이용, 운전

소양
- 생명 존중 인성
- 돕고 싶은 마음
- 순발력
- 책임감, 성실성, 도덕성

건강
- 체력
- 파상풍 예방 주사

소통력
- 커뮤니케이션 능력
- 커뮤니케이션 도구 사용

도구
- 카메라, 액션캠
- 휴대폰

안전
- 책임보장

캣시터 기본 역량

캣시터가 되기 위한 돌봄 교육

고양이를 돌보는 업무는 단순히 내 고양이를 잘 키운다고 해서 쉽게 할 수 있는 것은 아니다. 익숙하지 않은 공간에서 새로운 고양이를 만나야 하고 보호자가 요청하는 돌봄 방식이 모두 다르다. 따라서 많이 알아야 하고, 많이 쓰이는 것에 대해 공부해야 한다. 제일 중요한 것은 고양이의 성향을 파악해서 평온하도록 보살펴 주는 것이다.

캣시터가 되려면 어디서 어떤 교육을 받아야 할까?
아쉽게도 "이 코스를 밟으세요"라고 추천하기는 이른 것 같다. 국내에서 공식적으로 인정하거나 공고히 자리 잡은 캣시팅 교육기관은 아직 없다.

반려동물 관리사 자격증은 민간 자격증으로 전반적인 관리에 대하여 다루나 고양이가 아닌 개 중심이고 커리큘럼이 현실과 거리가 있는 편이어서 자격증이 주는 안도감은 있으나 실제로 돌봄을 전문적으로 하는 것과는 별개로 생각해야 할 것이다.

지역 여성인력개발센터에서 경력단절 여성을 대상으로 재취업 목적의 교육이 늘고 있는 추세이다. 캣시터 보다는 펫시터 교육으로 보는 것이 적합하며 강아지 중심의 교육으로 보인다. 고양이 교육으로는 교육 내용 자체가 적은 편이라 커리큘럼을 강화하며 발전하면 좋을 듯 하다.

펫시팅 회사에서 교육은 회사마다 강아지와 고양이 중 중심동물과 지향점이 다르기 때문에 캣시터가 되려면 고양이 전문기업에서 현장 중심의 교육받는 것을 추천한다. 고양이라는 동물에 관한 공부 뿐만 아니라 한국의 고양이 육묘현장에 맞게 실무 중심의 교육이 장점이다.

어떠한 교육을 받든 교육 후에 일하면서 경력을 쌓는 것이 중요하다. 책으로 배운 것은 한계가 있으므로 이론으로 배운 것을 바탕으로 현장에서 고양이들과 지속해서 교감하며 공부하기를 추천한다.

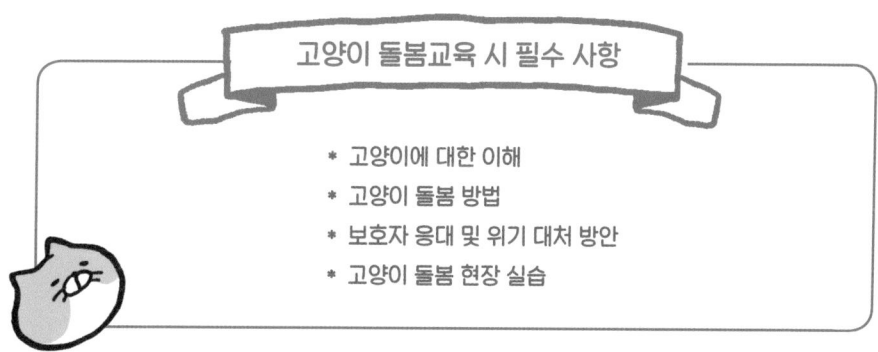

고양이 돌봄교육 시 필수 사항

* 고양이에 대한 이해
* 고양이 돌봄 방법
* 보호자 응대 및 위기 대처 방안
* 고양이 돌봄 현장 실습

캣시터로 일하는 방법

캣시터로서 일하는 데는 여러 가지 방법이 있다. 나의 환경에 맞게 선택하는 것이 좋다. 안정적인 생활이 필요하다면 취업을, 시간을 자유롭게 쓰고 싶다면 프리랜서로 활동하면 된다.

프리랜서로 개인이 활동

인터넷의 고양이 카페나 인스타그램 등의 SNS를 통해 보호자들과 컨택해 활동한다. 소속되지 않는다는 점은 비슷하지만 회사 창업과는 차이가 있다.

캣시팅 회사 취업

펫이 아니라 캣시팅을 전문으로 하는 고양이 중심 회사에 소속되어 활동한다. 플랫폼 업체보다는 지속적으로 교육과 관리를 받으며 소속감이 있다. 캣시팅 회사는 회사마다 추구하는 방향과 색상이 달라 지향점이 맞는 곳으로 지원하는 것이 좋다.

캣시팅 회사 창업

프리랜서와 회사 창업은 엄청난 차이가 있다. 캣시터로 활동뿐만 아니라 회사를 운영하는데도 많은 업무가 있기 때문이다. 회사를 창업하는 것은 캣시터로서의 경력을 충분히 쌓은 후를 권한다. 창업 후에는 고객 관리, 캣시터 교육, 서비스 홍보, 회계, 운영관리 등 여러 방면에서 철저히 준비가 필요하다.

캣시팅 플랫폼 업체에서 활동

캣시터와 보호자를 연결해주는 플랫폼으로 펫시팅 업체로 알려져 있고 개 중심인 곳이 많지만 '방문돌봄' 서비스가 있는 곳은 캣시터로 활동할 수 있다. 지원하면 심사를 거쳐 활동한다. 여러 캣시터 중에서 자신을 선택하게 하는 일종의 영업력도 필요하다.

캣시터로 일하기

PART 2

고양이 돌봄 서비스

고양이 방문돌봄 서비스는 무엇인가요?

우리나라에서는 2016년 처음으로 방문돌봄 서비스가 생겼다.
고양이 방문돌봄 서비스란 어떤 것인지 알아보고,
캣시터가 돌봄서비스를 위해 준비해야 할 것들을 체크해본다.

방문돌봄 서비스란?

고양이 돌봄 전문가가 반려동물이 거주하는 집에 방문하여, 식이, 배변 등 고양이의 생활과 심리적 안정에 필요한 도움을 주는 전문서비스이다.

식이돌봄

사료, 캔, 파우치, 생식으로 대표하는 주식과 물을 급여한다. 간식과 고양이에게 필요한 영양제 등을 급여한다.

환경돌봄

화장실에서 대소변을 제거하고 주변을 청결히 하여 계속 화장실을 이용할 수 있게 한다. 화장실 이외에도 쾌적하게 생활할 수 있도록 환기 및 에어컨, 가습기, 공기청정기 등 계절에 따른 환경관리를 한다. 또한, 보호자가 요청하지 않더라도 고양이에게 위험한 물건이나 먹으면 안 되는 이물질은 바로 치워두는 안전 점검이 필요하다.

놀이돌봄

보호자가 없는 변화로 스트레스를 받는 고양이에게 집중할 수 있는 사냥놀이나 심리 안정을 위한 스킨십은 고양이 컨디션 관리에 유용하다. 처음 만나는 캣시터와 재미있는 놀이를 통해 긍정적인 경험을 하게 되면 사회성 향상에 도움을 주기도 한다.

의료돌봄

아픈 고양이의 경우 약을 먹이거나 안약, 귀약 등을 투여하여 보호자의 역할을 대신한다.

방문돌봄 서비스의 범위

돌봄의 범위는 고양이의 상태와 보호자의 요청에 따라 달라질 수 있으나 통상적인 범위 내에서 정의해 보았다.

🐾 식이돌봄

주식 급여
사료, 캔, 파우치, 생식을 적절한 형태로 급여
위생적인 식사를 위해 그릇을 세척하여 급여함

급수
고양이 정수기나 급수기도 깨끗하게 물을
마시도록 세척하여 새물을 급여

간식 급여
친밀도 증대, 놀이 후나 기분전환, 혼자있는
시간을 위해 간식 급여

영양제 급여
건강상태에 따라 필요한 영양제가
있을 경우 급여

🐾 환경돌봄

화장실 청소
화장실의 대소변 제거 및 주변 모래 정리

온습 관리
환기, 실내 온도조절, 가습기,
공기청정기, 에어컨, 조명 조정

안전 점검
비닐조각 털뭉치 제거, 전기나 도자기 등
위험물 안전하게 처리

🐾 놀이돌봄

사냥 놀이
스트레스 해소를 위한
장난감을 이용한 사냥놀이

스킨십
마음의 안정을 위한 쓰다듬기,
궁디팡팡, 브러싱 등

대화 및 기타 활동
이름 불러주기와 다정한 대화
그외에 고양이가 흥미를 느끼고
즐거워하는 시간이 되도록
하는 활동

🐾 의료돌봄

아픈 고양이의 경우는 집에서 약을 먹이거나 만성질병으로 매일 주사를 놔주어야 할 경우가 있다. 치료가 아닌 보호자를 대신할 의료 지원 정도로 볼 수 있을 것 같다. 안약, 귀약, 알약 경구 투약 등이 있다. 투약은 캣시터에 따라서 그리고 고양이에 따라서 가능 여부가 다르므로 보호자와 상의하여 무리가 없는 선에서 진행해야 한다.

경구 투약의 경우를 예로 들면 심장병으로 약을 먹는 고양이가 약을 한번 거르는 것과 보호자가 아닌 타인의 투약에 스트레스로 심장에 무리가 가는 것 중 어느 것이 나을지는 상황에 대한 논의와 판단이 필요한 문제이다.

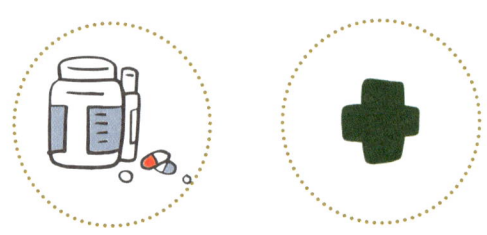

다시 한번 말하지만 캣시팅은 고양이가 편안히 생활할 수 있도록 전문적으로 고양이 돌보기 위한 제반 활동을 하는 것이다. 집에 방문한다고 해서 가사를 하는 것은 아니다. 쓰레기를 버려달라거나 하는 고양이 돌봄과 전혀 무관한 일은 캣시터의 업무 범위가 아니다. 가끔 보호자도 착각하는 경우가 있으니 정체성을 잃지 않도록 하고 보호자가 요청할 경우는 정중하게 업무 범위가 아니라고 설명하도록 한다.

참고로 필자의 회사에서는 캣시터를 돌봄 선생님으로 부르고 있는데 그 이유는 보호자와 캣시터 간에 서로 존중을 잊지 않도록 하기 위해서이다.

방문돌봄 서비스 절차

돌봄예약

보호자가 원하는 날짜와 장소(집), 돌봄 범위를 캣시터에게 요청하면 돌봄이 가능할지 확인하고 결제받는다. 후불 서비스는 연락두절도 있으므로 적당한 비용은 미리 지불받는다.

돌봄상담

고양이를 돌보기 위해 필요한 정보를 상담한다. 고양이의 성향, 건강 상태와 주요 특징을 알아 두어야 하며, 식사 준비와 돌봄을 위한 집기 등 물품의 위치와 원하는 돌봄 방식을 확인한다. 이러한 상담은 전화상담을 하거나 직접 방문하여 예비미팅을 통해 파악하기도 한다.

돌봄진행

고양이의 성향에 맞추어 교감하고 돌봄을 진행한다. 청결한 환경에서 식사와 배변하도록 준비하고, 고양이가 사냥놀이나 스킨십을 통해 스트레스를 해소하도록 유도한다. 보호자가 없는 집에 방문하는 것이므로 보안과 안전에 신경을 기울인다.

돌봄결과 피드백

고양이 상태와 돌봄 전후를 확인할 수 있도록 촬영한 사진을 전송하며, 고양이 컨디션이나 식사량, 배변 상태 등은 리포트 작성하여 전달한다.

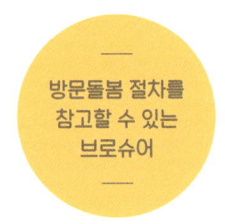

방문돌봄 절차를 참고할 수 있는 브로슈어

세부상담 & 예비미팅

세부상담의 목적은 고양이와 고양이가 거주하는 환경을 파악하여 돌봄을 원활하게 하는 것이다. 전화상담을 하기도 하고, 직접 방문하여 상담하기도 한다.

전화상담은 문답식으로 이루어지는데 캣시터가 세세히 질문할수록 유익한 상담이 된다. 평소 체크해야 할 항목들을 준비하여 빠짐없이 질문하고, 질문 요소 이외에 보호자가 우선으로 하는 점들과 당부사항도 꼼꼼히 듣고 기록해 둔다. 전화상담은 일반적인 고양이 돌봄에 적합하며 보호자와 집중해서 대화하기 때문에 직접 대면하는 상담보다 놓치는 요소들이 적다. (믿기지 않을 수 있지만 전화상담과 예비미팅을 해본 결과이다.) 사료 보관 장소 등 직접 보는 것이 필요할 때는 사진이나 동영상을 찍어서 활용하면 편리하다. 전화상담은 보호자와 캣시터의 이동시간을 아낄 수 있는 장점이 있다.

보호자와 직접 만나는 예비미팅은 묘구 수가 많거나 아픈 고양이가 있어서 돌봄 방식이 복잡할 경우 유용하다. 생식을 준비하는 방법이 특별하다든가, 후지마비 장애가 있어 기저귀를 갈아야 한다든가, 별도로 운동시키는 방법이 있다든가 할 때는 예비미팅을 하는 것이 적합하다.

예비미팅과 고양이의 반응

때로는 고양이가 캣시터와 가깝게 지낼 수 있을지 궁금하여 미팅 신청을 하는 경우가 있는데 보호자가 있을 때의 고양이 반응과 혼자 있을 때의 고양이 반응은 다른 경우가 많다. 개냥이라서 누구에게나 친절한 고양이의 반응은 대개 비슷하지만 소심한 고양이의 경우는 예상을 벗어나는 경우가 많다. 보호자와 함께 있으면 '나 엄마랑 있어'하며 자신감 뿜뿜하지만 혼자 있을 때 만나면 소심이가 되기도 하고, '엄마도 없고 외로운 이 세상에 귀인이 와서 나에게 밥도 주네' 하며 반기는 고양이가 있기도 하다.

세부상담 방법

❶ 예약 신청 시 보호자가 고양이에 대해 작성한 내용을 숙지하여 상담을 준비한다. 통화를 하면서 기록하는 것이 효율적이므로 통화 전에 메모나 기재한 정보를 저장할 수 있도록 준비한다.

❷ 보호자가 통화가능한 시간에 전화하여 상담한다. 상담 중 고양이의 습관이나 주의사항은 경청한다. 고양이 에피소드는 성향 파악에 도움이 되므로 즐겁게 듣자.

❸ 돌봄 시 보호자가 준비해야 하는 사항이나 보안 등의 당부사항도 상담 말미에 전달한다.

🐾 예비미팅 방법

❶ 보호자와 약속한 시간에 댁으로 방문한다. 교통상황 등으로 방문 시간에 차이가 발생할 것 같으면 예상 시간을 안내한다.

❷ 도착하면 보호자에게 인사 후, 고양이와 교감한다. 호기심 많은 고양이는 손님을 매우 궁금해하여 보호자보다 먼저 다가오기도 하는데 이때 몸을 낮추어 눈높이를 맞추고 코 인사를 한다.

❸ 예약 시 입수한 정보는 상담지에 미리 기록하여 상담지를 준비한다. 상담지의 항목별로 보호자와 대화하며 기록한다.

❹ 고양이 물품의 위치를 파악하고 보호자의 돌봄 방법을 확인한다. 보일러, 에어컨, 정수기, 자동화장실 등 작동법을 모르는 것이 있다면 보호자에게 안내받는다.

❺ 보호자의 당부사항을 경청하고 내용이 맞는지 재확인한다. 집을 비우기 전 준비사항을 보호자에게 안내하고, 방문을 위한 카드키 등 미리 받아야 할 물품이 있다면 인도받는다.

예비미팅 상담지 예시

보듬온 — 방문돌봄 상담

상담일 :　　　　　　　　　　　　　상담자 :

보호자 이름	
방문돌봄 예약일	

반려동물 정보

이름			
종			
나이			
성별			
성향			
특이사항			

식이돌봄 정보

식사	☐ 사료　　　　　　　　　　　(사료그릇 수 :　　　　　)
	배식방식 및 위치 기재 :
	☐ 캔
	☐ 생식
	배식방식 및 위치 기재 :
물	☐ 정수기물　☐ 수돗물　☐ 생수　　　(물그릇 수 :　　　　　)
	위치 기재 :
간식여부	☐ 급여　☐ 비급여
	간식 종류/양 :

환경돌봄 정보

화장실 종류	☐ 벤토류　☐ 두부모래　☐ 펠렛류　☐ 제올라이트(유니참)　☐ 배변패드　☐ 기타　　(화장실 수 :　　　　　)
	처리방식 : ☐ 비닐에 담아 휴지통 처리　☐ 리터락커　☐ 변기에 처리　☐ 기타( )
온습	☐ 환기　☐ 보일러 온도조절　☐ 가습기　☐ 공기청정기　☐ 에어컨　☐ 공기청정기
	처리방식 :

놀이돌봄 정보

놀이돌봄 수행	☐ 원함　☐ 원치않음
선호 장난감/놀이방식	

주의/전달사항

중점돌봄 & 기타 요청사항	✓ ✓ ✓ ✓

환경정보

거주형태	☐ 아파트　☐ 빌라　☐ 오피스텔　☐ 원룸　☐ 단독주택
공동현관 비밀번호	☐ 없음　☐ 있음
방묘문/중문	☐ 없음　☐ 있음
CCTV	☐ 있음　☐ 없음
비상방문 동물병원	병원명 :　　　　　　　　(위치 :　　　　　　)　전화번호 :(　　　　　)
돌봄기간 보호자 거주	☐ 국내　☐ 국외 (시차 or 나라명 :　　　　　)
비상연락 방법	☐ 카톡　☐ 전화(로밍)　☐ 다른보호자

돌봄예약 정보
돌봄예약시 보호자가 날짜를 잘못 기입하는 경우도 종종 있어 날짜 재확인이 필요하다.

고양이 정보
돌볼 고양이에 대한 정보를 최대한 자세히 파악한다. 특히 성향과 건강상태는 필수이다.

돌봄 요청사항 체크
돌봄사항은 가정마다 다르므로 돌봄방식을 꼼꼼하게 체크한다.

보호자의 집중사항 확인
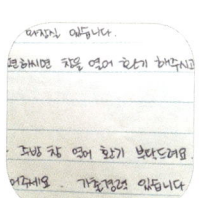
보호자마다 놀이, 투약, 변상태 확인 등 돌봄에 대한 포커스가 다르므로 해당 부분을 확인하여 그 부분은 더 섬세하고 철저하게 관리하도록 한다.

고양이 거주환경 체크
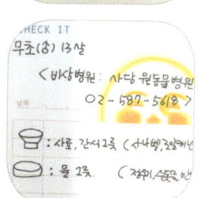
거주환경은 고양이 탈출방지와 캣시터 출입에 참고한다. 비상시를 대비한 병원정보도 미리 알아두는 것이 좋다.

방문돌봄 전 체크리스트

방문돌봄 전에 캣시터가 준비해야 할 것을 시간순으로 정리해 보았다. 원활한 돌봄을 위해서 항상 준비하는 시간을 갖도록 하자.

🐾 돌봄 1~2일 전

보호자가 불안해하지 않도록 돌봄 1~2일 전에 연락해 돌봄 시간대를 안내하고, 비밀번호를 요청한다. 비밀번호는 너무 일찍 알게 되면 그사이 도난이 발생할 경우 괜한 오해를 살 수 있으므로 돌봄일 하루 전에 전달받는 것이 좋다. 상담 후에 변동된 사항이나 추가로 당부할 사항이 있는지 파악한다.

- ☑ 보호자에게 방문안내
- ☑ 자택 비밀번호 요청
- ☑ 당부사항 추가 파악

🐾 돌봄 당일

돌봄을 위한 준비물을 챙겨 예고한 시간에 방문하여 고양이와 충분한 인사를 나눈다. 고양이가 안정된 후 촬영하여 보호자에게 전송하고 특이사항이 있으면 즉시 상황을 전달한다. 돌봄 중 상의가 필요하면 보호자에게 문의하여 처리한다. 고양이 활동성이나 컨디션 등 사진으로 표현이 어려운 것은 돌봄 리포트에 작성하고, 돌봄 후에는 돌봄 했던 전후 사진과 고양이 놀이 사진을 전송한다.

- ☑ 고양이 안정 후 사진 촬영 및 전송
- ☑ 돌봄 중 논의 필요건은 보호자와 상의하여 결정
- ☑ 돌봄 리포트 작성
- ☑ 돌봄 전후 사진, 고양이 사진, 놀이 사진 전송

방문돌봄 전 캣시터 준비사항

방문돌봄을 위한 준비물을 체크해 보자. 필수항목은 누락할 경우 돌봄 시 지장이 있는 것들이어서 출발 전 꼭 체크하도록 하자.

🐾 필수 준비물

- **스마트폰** : 보호자와 커뮤니케이션에 사용한다. 돌봄 중 사진 촬영이 필요하므로 배터리를 충분히 준비한다.

 - **액션캠** : 액션캠 녹화는 고양이 가출, 물건 도난, 분실 등 안전과 보안에 관한 사항이 발생했을 때 캣시터를 보호하는 도구이며 고양이를 찾는 실마리가 되기도 한다. 저장용량과 배터리를 항상 충분히 채워두어야 한다. 돌봄 중 배터리가 다 되었을 경우 보조배터리나 충전 선을 준비하여 사용하고, 저장용량(메모리) 부족을 대비하여 여분의 메모리를 준비한다.

- **유니폼 착용** : 회사에 소속된 캣시터라면 유니폼은 신뢰감의 표현이며 약속이다. 유니폼에서 전문가의 포스(?)를 느끼기도

하므로 깨끗하고 단정하게 착용하자.

• **돌봄 리포트 & 필기도구** : 돌봄을 마칠 즈음에 그날의 고양이 컨디션을 체크하고 기록한다. 당연히 리포트 작성 시 필기도구가 필요하다. 리포트는 여러 장 가지고 다니는 것이 편리하고 떨어지지 않게 관리한다.

다음 준비물은 있으면 편리하나 필수 준비물은 아니다.

🐾 선택 준비물

• **고양이 장난감** : 새로운 장난감에 흥미를 보이는 고양이가 많다. 똑같은 장난감도 캣시터 가방에서 꺼내면 흥미로운 물건으로 느끼므로 고양이와 즐거운 시간을 보낼 수 있는 장난감 몇 개는 가지고 다니면 좋다. 다만, 장난감을 입으로 물기도 하기 때문에 돌봄 후에는 소독하여 다른 고양이에게 영향이 없도록 한다.

 • **일회용 수세미, 비닐봉투, 장갑** : 집마다 고양이 식기용 수세미를 별도로 사용하기도 하고 같이 쓰기도 한다. 따로 쓴다고 해도 구별이 어려운 경우가 있어서 캣시터가 일회용 수세미를 가지고 다니면 편리하다. 용변처리 등에 얇은 비닐봉투나 일회용 장갑, 라텍스 장갑이 필요한 경우도 있다.

• **투약용 필건과 츄르** : 고양이에게 알약을 먹일 때 손으로 먹이기도 하지만 필건을 사용하기도 한다. 캡슐 약은 고양이 입에 들어가 수분이 닿으면 달라붙기도 하는데 이를 방지하기 위해 물을 미리 먹이기도 하고 츄르를 한입 먹여 침이 나오게도 한다. 필건에 약을 먹일 때와 약 먹고 난 후에 보상으로 츄르를 먹이기도 한다. (약 먹이는 자세한 방법은 파트 3. 의료돌봄 참조)

집을 비울 때 보호자 준비사항

보호자들은 집을 비울 때 어떤 것들을 준비해 놓아야 할지 몰라 막막해 하기도 한다. 캣시터가 상담시 미리 체크해 준다면 보호자도 빠지는 것 없이 편히 집을 비울 수 있을 것이다.

고양이와 대화 : 보호자가 집을 비우게 되었을 때는 미리 고양이에게 알려주는 것이 좋다. "OO아, 엄마가 △△로 출장을 가게 되었어. 일주일 정도 집을 비울 거야. 일주일 후에는 돌아올게. 엄마 없는 동안에 캣시터 선생님이 오실 건데 밥 잘 먹고 같이 잘 놀고 있어. 엄마는 일 때문에 다녀오는 거니까 OO이가 그동안 잘 지내고 있었으면 좋겠어." 이런 식으로 충분히 고양이에게 얘기해 놓으면 캣시터가 방문했을 때 적응이 빠를 수 있다.

고양이 정서안정을 위한 보호자 물품 : 잠옷, 생활복 등 보호자의 체취가 담긴 옷이나 담요를 고양이가 머무르는 장소에 가져다 놓으면 그 위에 앉아 있기도 하고 심리적 안정감을 느낄 수 있다.

고양이 물품 준비 : 보호자가 없는 동안 사료나 모래, 식수가 떨어지지 않도록 확인하여 부족한 물품은 미리 주문해 놓는다. 보호자가 없을 때는 먹는 양이 급

격히 늘기도 하므로 넉넉히 준비한다.

청결한 환경 : 고양이는 털이 많이 빠지기 때문에 장모종이든 단모종이든 3일 정도가 지나면 바닥에 털이 보이기 시작한다. 보호자가 집을 비우기 전에 깨끗하게 청소해놓고 간다면 고양이가 쾌적한 환경에서 지낼 수 있고 고양이 털을 먹고 토하는 헤어볼 구토를 예방할 수 있다.

날씨에 맞는 실내온도 관리 : 여름철이라면 온도가 너무 올라가지 않도록 에어컨을 낮시간 예약해두거나 얼음팩을 준비해 두는 것도 좋다. 겨울철은 건조한 실내공기로 눈곱이나 정전기가 일기 쉬우므로 실내가 많이 건조하다면 가습기를 준비한다.

위험물 점검 : 고양이 안전을 위해 위험할 수 있는 물건은 치워놓는 것이 좋다. 고양이가 움직이다가 발로 눌러 화재가 날 수 있는 인덕션이나 하이라이트는 코드를 빼놓거나, 밟지 못 하도록 물리적으로 덮개를 씌운다. 락을 걸어놔도 풀리는 경우가 제법 있다. 선풍기, 온열기 등 냉난방 기구는 장시간 사용하면 과열되고, TV와 연결된 셋톱박스 선도 입으로 깨물거나 하면 불꽃이 튀기 쉽다. 사용하지 않는 전기는 모두 빼두기를 권한다.
유리나 도자기 등 깨질 수 있는 물건은 고양이가 지나가도 떨어지지 않을 위치로 이동시키고, 고무줄 등 삼킬 수 있는 이물질은 미리 치워두자. 그리고 전혀 위험할 것 같지 않은 고양이 낚싯대나 장난감도 고양이가 닿지 않는 서랍이나 별도의 장소에 보관하자. 끈이 있는 낚싯대는 목에 감길 수 있고 사람이 없으면 풀지 못해 위험한 상황이 발생할 수 있다.

환묘라면 병원 확인 : 환묘라면 컨디션이 나빠질 경우 다니던 병원에 가야 할 수도 있다. 위급 시 캣시터가 병원에 데려갈 수 있도록 이동장을 준비하고, 병원 위치와 연락처를 알려준다. 휴일이나 명절이라면 부재 기간에 병원이 여는지 확인해야 한다.

비상 연락처 : 보호자가 해외에 머무른다면 비상시에 연락이 쉽지 않을 수 있다. 캣시터와 보호자 간에 긴급연락 방법을 정해두자. 국내에 보호자를 대리할 수 있는 다른 보호자 연락처를 받아두어도 좋다.

서로 존중하는 자세 : 보호자가 없는 동안에 보호자를 대신해 고양이를 책임지고 보살피는 사람은 캣시터이다. 믿고 존중하는 자세는 캣시터에게 더욱 더 책임감을 갖게 한다.

돌봄 기록 및 공유

🐾 돌봄기록과 공유

돌봄 리포트에 식사량, 대소변 양과 상태, 놀이 시 반응을 기록하여 보호자가 멀리 있더라도 고양이 상태를 파악할 수 있게 한다. 환묘의 경우 보호자가 돌아와 병원에 가야 할 경우 생활 컨디션 기록으로 활용할 수 있다.

돌봄 리포트

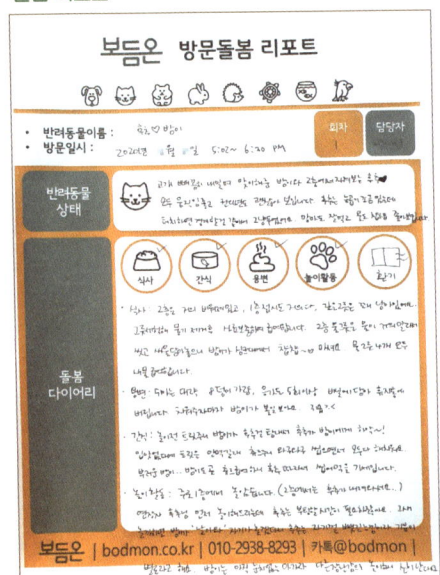

보호자와 대화

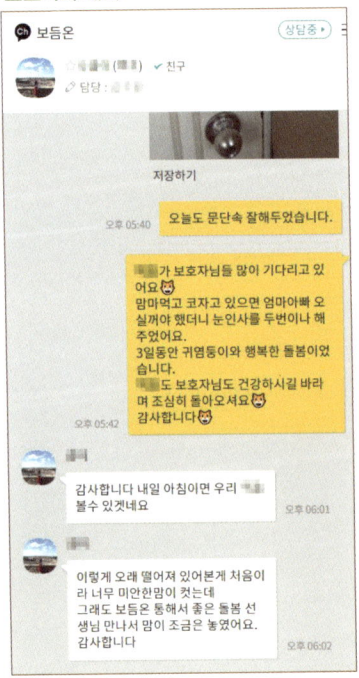

고양이 돌봄 서비스

🐾 관리기록 및 피드백

돌봄 시 특이사항이 있으면 기록해 두어 다음 돌봄 때 참고하도록 한다. 회사에 소속된 캣시터라면 회사에 특이사항 및 돌봄 내용과 녹화했던 동영상 파일은 회사로 전달한다. 이는 보호자가 집에 돌아온 후 문의 사항이 있거나 보안 및 안전 관련하여 확인할 사항이 있으면 자료로 활용된다.

☑ 특이사항 기록

☑ 회사 공유 (돌봄내용 및 특이사항, 사진, 녹화영상)

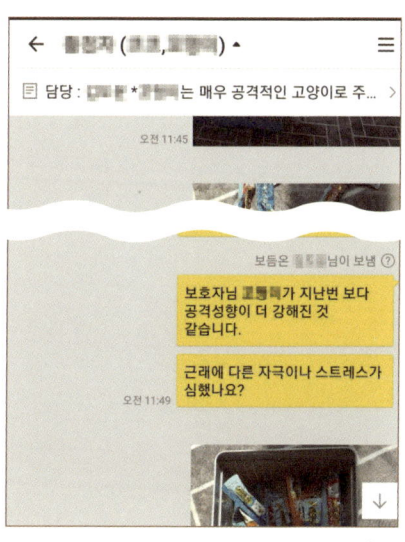

공격적 고양이 정보 공유로
돌봄선생님 안전 당부

cat-sitter 캣시터

PART 3

고양이 돌보기

고양이 돌봄시 해야 할 일

고양이를 돌보는 것은 아기를 돌보는 것과 비슷하다. 더군다나 보호자가 없는 낯선 집에서 고양이를 돌보아야 하기 때문에 익숙치 않은 환경에 대비하기 위해서 능숙함과 순발력이 필요하다. 고양이를 돌보는 세세한 과정과 방법을 알아본다.

고양이 만나기

🐾 입실 전 준비

벨을 누르지 않고 도어락을 열고 들어가면 고양이가 보호자가 온 것으로 착각하기도 한다. 이때 문을 열면 튀어 나가는 고양이가 있다. 마중냥이라면 문을 3~5센티미터가량 열고 고양이가 있는지 확인한 후 고양이가 있다면 나오지 못하도록 가방이나 다리로 밀면서 들어가자. 고양이 탈출은 아주 큰 돌발상황이므로 특별히 주의한다. 또한 현관문을 여는 것은 돌봄이 시작되는 것이므로 옷차림이나 촬영 등 모든 것이 준비된 상태로 문을 열도록 한다. 바이러스가 도는 시기나 전염성이 있는 고양이를 만날 때는 소독제로 손과 휴대폰, 신발 등 소독 후에 입실한다.

탈출방지를 위해 틈새로 고양이를 확인한 후 가방이나 다리로 밀면서 입실

🐾 고양이와 인사하기

캣시터의 자세 : 현관에 들어서면 캣시터의 기척을 느끼고 고양이가 다가오거나 후다닥 숨을 것이다. 입실하면 현관에서 자세를 낮추고 고양이를 맞도록 하자. 동물들은 자기보다 크면 위축되는 경향이 있어 비슷해 보이도록 앉고, 천천히 손을 고양이 시선 아래로 내밀어 냄새를 맡게 해준다. 손이 고양이 머리 위로 올라가면 놀랄 수 있다. (혹시 과거에 길에서 구타 경험이 있다면 나쁜 경험을 다시 불러오게 되므로 연상되지 않도록 한다)

고양이의 코인사 : 캣시터가 손가락을 내밀면 고양이는 냄새를 맡으며 탐색한다. 충분히 탐색할 수 있도록 기다려준다. 1차 탐색을 마치면 알아서 볼일을 보기도 하고, 2차 탐색으로 캣시터의 옷이나 가방, 신발을 탐색하기도 한다. 고양이가 탐색하는 동안 고양이와 대화를 시도해도 좋다. 가볍게 인사를 하고 보호자의 요청으로 돌봐주러 왔다고 알려준다. 고양이의 좋은 태도를 칭찬해도 좋다.

낯가림이 있는 고양이 : 고양이가 보호자가 아님을 알고 도망간다면 기다려 주어야 한다. 이때 캣시터가 집안에 따라가거나 움직이면 고양이가 당황하고 서두르다가 다칠 수 있으므로 다 숨을 때까지 기다려 준다.

자세를 낮추고
고양이 코 아래
손을 내미는 코인사

🐾 고양이 성향 파악하기

고양이와 첫 대면을 하면 친화적인 고양이인지 낯가림이 있는 고양이인지 알 수 있을 것이다. 친화적인 고양이라면 캣시터가 밥을 주는 등의 우호적인 태도로 점차 가까워질 수 있을 것이고 낯가림이 있는 고양이라면 돌봄 중에 캣시터를 관찰하다가 나와서 서서히 친해질 수 있을 것이다. 캣시터를 지켜보지 않고 아예 모습을 감추거나 한다면 몹시 무서워하는 것이라 단기간에 가까워지긴 어렵다.
그리고 드물지만 캣시터를 물거나 할퀴는 공격적인 고양이도 있으므로 주의한다.

🐾 고양이 태도에 따른 돌봄방식

호기심 많은 고양이 & 개냥이

호기심이 많거나 개냥이급의 고양이는 지속적인 관심을 보여주고 친근하게 대하면 신뢰감이 형성된다. 긍정적인 상황이므로 고양이를 실망(?)시키지 않으면 된다.

낯가림 고양이

낯가림이 있는 고양이는 대부분 두려움이 문제이기 때문에 신뢰감을 형성해야 한다. 단시간에 보호자와 같은 신뢰감은 어려우므로 투명고양이 취급(보이지 않거나 없는 존재 취급. 쳐다보지 않기)을 하면 조금은 안심한다. 무심하게 밥을 주거나 화장실을 치워주면 안심하고 경계를 풀기도 한다.
낯가림이 있는 고양이는 먼저 다가오도록 기다려 주어야 한다. 다가왔다고 하더라도 신뢰가 형성되기 전에는 고양이를 만져서는 안 된다.

공격적 고양이

공격적인 고양이의 원인은 여러 가지가 있으나 대표적인 것이 두려움이다. 무섭기 때문에 우웅대는 소리를 내고 소리로 물러서지 않으면 물거나 발톱 공격을 하여 자신을 보호하려고 한다.

또 하나의 원인은 캣시터를 사냥감 취급하는 경우인데 이는 기존에 사람이 자기보다 약한 존재로 인식되어(하악하거나 다가갔는데 사람이 무서워하면 행동이 강화된다) 보호자 이외의 사람에게 공격해본다. 캣시터를 공격하는 고양이는 분리돌봄이 최선이다. 캣시터가 생활돌봄을 하는 동안에 고양이는 다른 방에 있도록 하여 캣시터의 안전을 보장하고 돌봄 후에 개방하여 고양이를 원래 공간에 머물 수 있도록 해준다.

식이돌봄

🐾 주식

주식은 우리가 밥을 먹는 것처럼 고양이가 생활에 충분한 영양소를 섭취하는 것을 말한다. 건식과 습식으로 나눌 수 있는데 건식은 우리가 흔히 알고 있는 사료이고, 습식은 캔이나 파우치, 생식 등 수분이 들어간 식사이다.

급식 종류

- **자율급식** : 원하는 때에 먹을 수 있도록 특정 양을 채워두는 방식. 고양이 습성에 가까운 방식으로 늘 먹이가 있기 때문에 과식하지 않는다.
- **제한급식** : 특정한 시간에, 특정한 양을 먹이는 방식. 다이어트를 해야 할 때나 습관을 잡아줄 때 유용하다. 남는 양을 관찰해서 기호를 파악하기 쉽고 건강 상태를 확인하기 쉽다.

급여 방법

사료는 공기가 닿으면 서서히 산패하고 고양이가 식사하면서 침이 섞여 세균이 번식하기 쉽다. 기존에 먹은 그릇은 수거하여 세척 후 물기를 제거하여 급여한다. 다른 여분 그릇이 있으면 새 그릇을 사용한다. 물기를 제거하지 않으면 사료가 그릇에 달라붙고 눅눅해진다.

사료의 종류

고양이 사료의 종류는 워낙 많고 방대하여 일일이 소개하기가 어려워 종류별 구분을 알아보겠다.

- 건식사료는 줄여서 사료라고 부르며, 작은 알갱이의 형태로 되어 있다. 영양소를 골고루 함유하고 있어서 이것만 먹이기도 한다.
- 습식사료는 젖어 있는 형태의 사료로 수분 함량이 많아 물을 잘 먹지 않는 고양이에게 도움이 된다. 캔이나 파우치 형태로 되어 있다.
- 생식은 습식사료와 마찬가지로 수분 함유가 많고 영양소가 풍부하지만 자칫하면 영향 불균형을 이룰 수 있기 때문에 영양소를 체크하며 먹여야 한다.

사료의 구분

나이별	키튼	3개월령 이하의 어린 고양이들용이며, 성장기를 고려해 영양소가 풍부
	어덜트	성묘용 사료이며, 대부분의 고양이가 먹어도 무난
	시니어	나이든 고양이용 사료로 노령묘의 필요 영양에 맞춤
생활별	인도어	집안에서 생활하는 고양이의 영양소를 기준으로 함
	다이어트	비만 고양이의 체중감소를 위한 사료
	헤어볼	장운동이 활발하게 식이섬유를 보충하여 원활히 털을 배설할 수 있게 도와줌
재료별	닭, 오리	닭, 오리 등 가금류는 선호도가 무난한 식재료
	소, 양, 돼지	고기류로 단백질이 풍부하여 선호
	연어, 고등어	특유의 감칠맛을 고양이가 선호하며 고기에 비해 저렴한 편
질환별	유리너리, 레날 등	처방사료라고 부르며, 고양이의 질환에 따라 병원에서 의사가 처방함

건식사료

❶ 잔여 사료 처리 : 먹은 사료의 잔여량을 확인하고, 남은 사료를 버릴 것인지 보충해 줄 것인지 판단한다. 고양이가 먹기 시작한 사료는 부스러기가 발생하고 시간에 따라 산패되기 때문에 버리는 것을 추천한다. 소량이라면 버리고, 추가로 급여할지 폐기하고 새 사료를 급여할지 보호자에게 문의한다.

❷ 그릇 준비 : 그릇은 급여 전에 세척하고, 물기를 제거해 마른 상태에서 사료를 담는다.

❸ 배식 : 보호자에게 사료의 양과 혼합방법 등 배식 방법을 안내받도록 한다. 사료의 양은 1회당 g수나 스쿱수, 그릇 기준으로 채우는 비율(%)로 문의하면 소통이 쉽다. 일반적으로는 그릇에 사료만 주지만 영양제나 보조제를 섞어주거나 잘 먹도록 하기 위해 간식을 토핑하기도 한다.

습식사료 (주식 캔, 주식 파우치)

❶ **습식 준비** : 깨끗한 그릇과 캔이나 파우치를 준비하고 양을 확인한다. 주식 캔은 한 끼에 먹기에 양이 많은 경우가 있어서 1회에 소화할 수 없다면 밀폐용기를 준비해 남은 것을 냉장 보관해야 한다. 캔은 개봉한 후에는 음식물 보관이 부적당하므로 밀폐용기에 내용물을 옮겨서 보관한다.

❷ **배식** : 습식 캔이나 파우치를 개봉해 적당량을 그릇에 담는다.

"1개의 캔을 2그릇(2마리)으로 나누어 주세요."

"파우치의 절반만 주고 절반은 냉장고에 보관해 주세요."

"전자렌지에 00초 데워주세요."

하는 요청이 가장 많다.

❸ **혼합 배식** : 영양제나 약, 보충제를 섞어야 할 경우 냄새 때문에 습식 전체를 먹지 않는 경우가 있다. 안 좋은 냄새가 퍼지지 않도록 바닥에 습식사료를 충분히 깔고 약이나 영양제를 비빈 후 위쪽은 다시 습식사료로 덮어주면 먹기가 비교적 수월하다.

❹ **잔여 습식 처리** : 다 먹은 그릇은 깨끗하게 씻어 두고, 고양이가 그릇 주변에 흘린 것은 치워 둔다. 여름철은 음식이 금방 상하기 쉽기 때문에 급여 후 퇴실 때까지 먹지 않았으면 폐기하는 것도 고려해야 한다. 개봉 후 7시간 정도면 무난하나 이 부분은 보호자와 상의하여 결정한다. 고양이가 상한 음식을 먹고 배탈 날 수 있기 때문이다.

건식급여

습식급여

생식 (홈메이드생식, 시판생식)

생식은 고기를 직접 갈아서 만든 홈메이드 생식과 시판 생식에 따라 방법이 약간 다르나 찬기를 제거해 급여하는 점은 동일하다.

❶ 준비 : 홈메이드 생식은 대개 한 번에 많은 양을 만들어 소분하여 냉동 보관한다. 급여할 생식은 보호자가 냉장실에 넣어두었을 것이다. 1회분을 덜고, 남은 것은 냉장실에 보관한다. 시판 생식은 보통 파우치에 얼려서 배달되어 냉동 보관한다. 하루 전날 냉장실로 옮겨 놓으면 녹아서 먹을 수 있는 상태가 된다.

> * 시판 생식 파우치의 양이 많을 경우는 냉동상태에서 소분하여 보관하고, 1회 먹을 양만 덜어서 냉장실로 옮긴다.

❷ 급여 : 생식을 급여할 때는 찬기를 제거해야 한다. 찬기 제거는 말 그대로 찬기만 제거하는 것이지 익혀서는 안 된다. 찬기를 제거하는 방법은 중탕이 대표적이다. 1회분을 그릇에 담아 중탕하여 찬기가 제거되면 생식을 먹기 좋게 숟가락으로 섞어 준다.

❸ 잔여 생식 처리 : 남은 생식은 상하기 쉬워 여름철에는 가급적 퇴실 전에 폐기하는 것이 좋다. 생닭은 균이 있어 위생적으로 관리해야 한다. 돌봄 시에는 소독까지의 여건은 어려우므로 식기와 싱크대에 튀지 않도록 그릇을 세제로 깨끗이 세척한다. 또한, 다음날 먹일 생식이 준비되어 있어야 하므로 1회분을 냉동실에서 냉장실로 옮겨둔다.

생식 찬기 제거하는 방법

❶ 시판 생식은 뜨거운 물과 찬물을 섞어 40℃ 정도(아기 분유 먹는 온도)에 파우치 채로 담가 찬기가 제거되면 1분 정도 후에 꺼내서 그릇에 담아 섞어주면 된다.

온수에 담그기

❷ 중탕하는 방법은 더운 물을 큰 그릇에 담고, 생식이 담긴 그릇을 그 큰 그릇 안에 넣어 그릇째 간접적으로 데우는 것이다. 찬기가 제거되도록 데우는 것이지 생식이 익도록 두어서는 안 된다.

중탕

❸ 불을 이용하는 방법이다. 한번 먹을 양을 작은 냄비에 덜어 가스레인지 불을 켜고 냄비를 20센티미터 이상 공중에 띄운다. 이 또한 찬기 제거가 목적이기 때문에 냄비에 불이 직접 닿게 하면 안 되고 거리를 두어 따뜻한 열기만 전달되게 한 상태에서 생식을 저어 찬기를 제거해 준다. 찬기가 제거되면 그릇에 담아 급여한다.

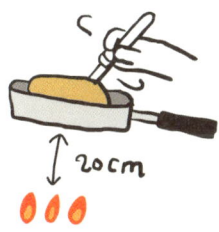

불로 찬기 제거

* 생식 중 가장 많이 먹는 것이 닭이다. 생닭은 세균의 영향이 있어 손을 씻고 생식과 접촉한 모든 물건(식기, 숟가락, 싱크대 등)은 뜨거운 물로 30초 이상 소독하는 것이 좋다.

🐾 물

고양이의 3대 질병 중 하나는 신장병으로 음수량과 관련이 깊은 병이다. 청결하고 신선한 물을 주어 마시기 좋은 상태로 관리하자.

물의 종류 (수돗물·정수·생수)

수도관에서 나오는 수돗물, 정수기에서 나오는 정수, 병에 든 생수, 끓여 식힌 물 등 보호자가 요청한 물을 급여한다. 생수나 정수기의 물도 좋으나 한 종류의 물만 먹여서 익숙해져 고양이가 물 편식을 시작하면 다른 물은 먹지 않아 음수량에 영향을 줄 수도 있으므로 보호자는 평소 어느 물이나 잘 먹도록 관리하는 것이 좋다. 보호자 상담을 하다 보면 수돗물 급여를 부끄러워하기도 하는데 수돗물은 가장 일반적으로 먹이는 물이고 우리나라의 물은 우수하게 관리되고 있으니 자신감을 가져도 되겠다. 다만, 오래된 수도관에서는 녹물이 나올 수 있으므로 잘 관찰한다.

물그릇에 급수하기

❶ **음수량 확인** : 돌봄 첫날은 알 수 없지만, 여러 날일 경우 가능한 고양이가 물을 얼마나 먹었는지(물이 얼마나 줄어들었는지) 체크한다.
❷ **그릇 세척** : 물그릇은 시간이 지나면 물때가 낀다. 뽀득뽀득하게 세척하여 새 물을 급여한다.
❸ **구강관리제 첨가** : 구강관리제 첨가를 요청할 경우 물을 받아서 정해진 양을 첨가해 섞어준다.

고양이 정수기로 급수하기

❶ **정수기 파악** : 많이 사용하는 정수기는 캣시터가 미리 알고 있는 것이 좋다. 정수기마다 세세한 구조는 다르지만 물그릇과 펌프, 필터로 구성되어 있다. 잘 모르는 정수기를 만나면 정수기 이름을 바로 검색해서 파악한 후 이용하는 것이 좋다. 유튜브에서는 정수기 구조나 조립법 등이 잘 나와 있어 참고하기 좋다.

분수형 정수기 — 선인장 정수기, 연꽃 정수기, 사과 정수기

박스형 정수기 — 샤오미 정수기, 펫킷 정수기

❷ **정수기 세척** : 물만 보충해달라고 요청하는 경우가 아니면 정수기도 매일 세척하는 것이 좋다. 코드를 분리하여 싱크대에 가져다 놓고 위에서부터 분리하여 세척한 후 재조립한다. 조립 방식은 정수기마다 다른데 물그릇에 수중 모터를 빨판을 이용해 부착하고 털이나 이물질이 걸러지게 스펀지 모양의 필터를 씌운다. 모터 물이 나오는 곳에 필터를 연결하고 외부로 나오는 관과 연결해주면 된다. 모터가 상단에 달려있기도 한데 그럴 경우 물통에 물을 받고, 모터가 달린 상단 뚜껑을 덮어주면 된다. 모터는 주 1회 정도 분해하여 관리해주면 정수기를 더 깨끗하게 사용할 수 있다.

정수기 중에는 고장이 잦은 것들이 있는데 캣시터 입장에서는 정수기에 문제가 생기면 시간이 지체되어 돌봄에 지장을 줄 수 있으므로 고장이 잦은 종류의 정수기는 조심하여 관리할 필요가 있다.

❸ **정수기 급수** : 정수기 뚜껑 부분을 닫기 전에 눈금이나 MAX라고 적힌 부분까지 물을 담고 뚜껑 부분을 덮은 뒤 제 위치에 자리 잡아 주고 전기를 연결한다. 전기가 연결되는 부분은 물이 닿아 젖어있지 않도록 한다.

흐르는 물 급여

고양이 중에는 흐르는 물을 좋아해서 따로 물을 먹여줘야 하는 경우가 있다. 싱크대 물, 욕실의 샤워기 물이나 똑똑 떨어지는 물, 세면대의 물이 대표적이다. 흐르는 물을 먹어도 좋지만 '흐르는 물만' 먹는 습관은 전체적으로 음수량이 떨어지는 결과를 가져온다. 보호자에게 일반적인 방식으로 물을 먹는 습관을 길러주도록 당부하자.

❶ **고양이의 요청** : 흐르는 물을 먹는 고양이는 원하는 장소로 와서 앉아있거나 애옹~하며 물을 달라고 자기 의사 표현을 하므로 이때 물을 틀어준다.

❷ **물 주기** : 물을 틀어줄 때 샤워기 방향을 조절하여 고양이 쪽으로 물이 튀지 않도록 한다.

🐾 간식

간식은 고양이의 기분을 좋게 해준다. 처음 만나 간식을 주면 '친해지자~'하는 호감을 표현하게 되며, 약을 먹이고 나서 주면 '미안해' 사과의 의미와(사과할 필요는 없습니다만…) 기분 전환을 유도하게 된다. 기능 면에서는 치석 제거나 헤어볼 방지가 되는 간식도 있다. 놀이 후에는 사냥에 대한 보상으로 간식을 급여한다.

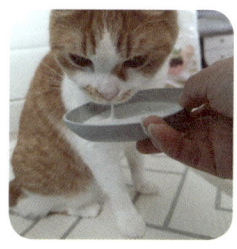   

간식 급여시 주의사항

- 1살 미만의 어린 고양이에게는 주지 않는 것이 바람직하다. 엄마가 어릴 때 과자를 주지 않는 이치와 동일하다. 어릴 때부터 자극성이 강한 간식을 경험하게 되면 주식을 잘 먹지 않고 간식만을 원하기 때문에 성묘가 된 뒤에 시작하는 것을 권한다.
- 간식을 시작할 때도 자극적이지 않은 간식으로 시작하고, 나중에 나이가 들어 입맛이 떨어져 식사가 어렵거나 약을 먹어야 할 때 자극적인 간식의 도움을 받는 것이 현명하다.
- 캣시터는 고양이에게 임의로 간식을 주어서는 안 된다. 집에 비치되어 있지 않은 간식은 보호자의 확인이 필수이다. 고양이가 알레르기가 있을 수도 있기 때문이다.

간식의 종류

- **건조 간식류** : 첨가물이 없어 보호자들이 선호하는 간식으로 조각이 작아 급여가 편리하다.
- **액상 고형 간식류** : 기호성이 좋은 편으로 약을 먹이거나 물을 섞어 급여해 음수량을 늘이는 방식으로 활용된다.
- **과자형 간식류** : 작은 과자 형태로, 소량 사료에 섞어주기도 한다. 너무 많이 먹이지 않도록 한다.

건조 간식류
- 어류, 해산물, 조류, 육류 건조
- 캣만두, 마도로스펫 트릿 등

액상 고형 간식류
- 튜브형 짜먹는 액상
- 챠오츄르, 리얼스틱, 조공 등

과자형 간식류
- 과자 형태
- 템테이션, 그리니즈 등

간식 급여 시기

- **만났을 때 인사** : 첫 만남에 간식을 제공함으로써 캣시터를 긍정적으로 생각할 수 있다.
- **놀이 시** : 탐구형 고양이의 경우 간식을 이용하여 찾기놀이를 할 수 있고, 사냥놀이 후에는 사냥감을 대신하여 간식을 급여한다.
- **퇴실 시** : 집에 사람이 없는 동안 집안에서 간식 찾기 놀이를 할 수 있으며, 따라 나오려는 고양이는 작은 간식을 집 안쪽으로 던져서 유도하고 퇴실한다.

🐾 영양제/보조제

사람이 비타민 같은 보조제를 복용하듯 고양이도 마찬가지다. 아프거나 관리가 필요한 고양이에게 복용하고 있는 영양제나 보조제가 있다면 평소와 동일하게 급여한다.

많이 먹는 영양제/보조제

    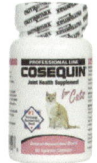

유산균, 위장 영양제
: 인트라젠
- 유산균, 소화불량 설사예방
- 장건강, 면역력 강화

심리안정
: 질캔, 펠리웨이
- 스트레스 완화
- 심리안정

구강관리제
: 플라그오프
- 구강관리제
- 치석, 입냄새 제거

관절영양제
: 오메가3
- 관절 영양제
- 뼈형성 촉진, 강화

관절영양제
: 코세퀸
- 관절 영양제
- 관절 보호, 연골 생성

  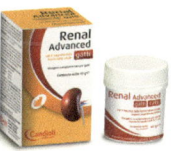 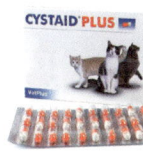 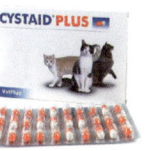 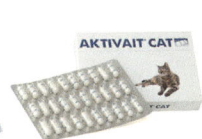 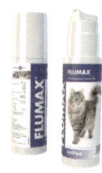

면역력
: 초유한스푼
- 면역력 강화
- 유산균 활성
- 항산화

신장 보조제
: 레날 어드밴스드
- 신장질환 진행 억제
- 배뇨 도움

신장 영양보조제
: 시스테이드
- 배뇨 도움

항산화제
: 엑티베이트캣
- 두뇌영양 공급 및 인지력 유지

감기약
: 플루맥스
- 종합영양제
- 면역력 강화

보조제 급여 방법

- **스스로 먹도록 유도** : 기호성이 좋은 보조제는 스스로 먹게 하거나 숟가락에 얹어서 간식처럼 먹인다.

- **사료나 간식에 섞어서** : 기호성이 떨어지는 보조제는 좋아하는 간식에 섞어주면 먹이기가 수월하다. 냄새가 강해서 간식까지 먹지 않을 수 있으므로 고양이에 맞게 양과 방식을 조절해 주어야 한다.

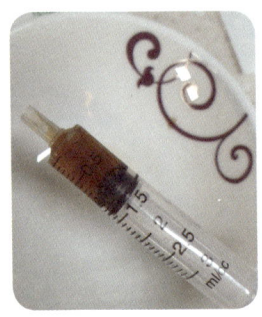

- **구강 투여** : 좋아하는 액체에 희석해 주사기로 먹이기도 하고, 알약을 먹이는 것과 동일한 방법으로 먹인다. (약 먹이는 자세한 방법은 파트 3. 의료돌봄 참조)

환경돌봄

용변 관리

화장실의 종류

고양이 화장실은 위쪽이 개방된 형태와 뚜껑이 덮여 있는 형태가 있다. 고양이들은 사방이 확인되어 외부위험 발생 시 피하기 쉬운 평판형을 선호한다. 뚜껑이 없어 개방된 형태는 주변에 모래가 튀어 사막화되므로 주변 관리를 해주어야 한다.

  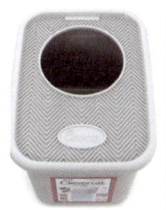  

평판형
- 고양이 선호도 좋음
- 환기 잘됨
- 모래 튐, 사막화 발생

거름망형
- 펠렛, 제올라이트 모래에 적합
- 환기 잘됨.
- 패드 교체나 별도 소변 처리 필요

상단출입형
- 모래 덜튐
- 고양이 강아지 함께 키울 경우 편리

뚜껑형
- 아늑한 느낌
- 환기 불편.
- 냄새, 모래 차단

자동화장실
- 보호자 편리
- 고양이 호불호 있음
- 고가

모래의 종류

고양이는 자연과 가장 가까운 벤토나이트 모래를 선호한다고 알려져 있다. 보호자가 관리하기 가장 쉬운 것은 변기 처리가 가능한 두부모래이다. 펠렛의 경우는 저렴하고 친환경적이지만 통과되는 소변을 별도로 처리해야 한다.

    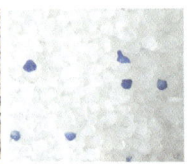

벤토나이트
- 응고형 모래
- 모래 느낌으로 고양이 선호도 높음
- 사막화, 발바닥 갈라짐. 분리배출

두부모래
- 흡수형 모래
- 변기처리 가능, 보호자 편리

펠렛
- 흡수형 모래
- 친환경, 변기 처리 가능. 비교적 저가
- 냄새 강함

제올라이트
- 통과형 모래
- 전용모래와 소변 패드 사용

기타
- 실리카겔, 홍화씨

화장실 치우는 방법

❶ 먼저 모래 삽을 준비하고 화장실 뚜껑이 있다면 연다.

❷ 화장실은 시계방향이나 반시계방향으로 누락되는 곳 없이 모래를 뒤적여 소변과 대변을 캐내도록 한다.

❸ 용변을 캐내면서 건강 상태 체크를 위해 대변과 소변의 개수를 세어둔다. 보호자가 없는 동안에 용변 개수가 평소와 비슷하다면 괜찮지만 그렇지 않다면 잘 먹지 못하거나 어딘가 불편하다는 의미이므로 계속 모니터링하여 보호자에게 알려주도록 하자.

용변 처리는 집집마다 다르지만 ❶ 비닐에 담아 휴지통에 처리 ❷ 변기에 처리 ❸ 전용 휴지통에 처리 방식이 일반적이다.

- **비닐에 담아 휴지통에 처리** : 벤토 모래는 냄새 문제로 비닐에 담아 밀봉해서 휴지통에 처리한다.
- **변기에 처리** : 두부모래나 펠렛은 변기에 버릴 수 있지만 소변이 뭉치면 내려가지 않으므로 시간을 잠시 두어 풀리면 물을 내린다. 집에 따라 수압이나 오수관이 약한 경우에는 막힐 수 있기 때문에 보호자에게 처리방식을 미리 확인한다.
- **용변 전용 휴지통에 처리** : 용변을 건져서 전용 휴지통에 바로 버린다. 전용 휴지통으로는 리터락커가 가장 많이 쓰이는데 이중 구조로 냄새를 막아주기 편리하다.

리터락커
위쪽 뚜껑을 열어 용변을 넣고, 중간에 손잡이를 당겨 용변이 아래로 떨어지게 한다.

매직캔
뚜껑을 열면 안쪽이 막혀 있다. 안쪽 부분을 누르면 아래쪽으로 열리는데 여기에 용변을 버린다.

화장실 주변 정돈

화장실 주변의 모래는 벤토모래나 두부모래나 펠렛, 제올라이트 모두 주변에 튀기 마련이다. 얼마나 튀느냐는 화장실의 형태와 고양이의 습관에 따라 다르다. 사람이 밟게 되면 아프기도 하고, 집안 여기저기 굴러다니기 쉬우므로 화장실을 치울 때 함께 정리하도록 한다. 양이 많으면 청소기로 빨아들이고 청소기 소리에 놀라는 고양이가 있다면 빗자루를 이용한다. 양이 적으면 물티슈로 치워도 된다.

사막화 방지를 위해 깔아 둔 매트가 있다면 모여 있는 모래를 함께 버린다.

대소변 상태

용변을 치울 때 소변과 대변 상태를 확인한다. 소변은 개수와 크기를, 대변은 개수와 형태, 무름 정도를 확인한다. 무르거나 설사가 발견되면 보호자에게 알리도록 한다.

마른응가
- 변비 우려
- 유산균 권장
- 음수율 증가 노력

촉촉응가
- 정상

무른응가
- 고양이가 밟았을 때 형체없이 뭉개지는 정도
- 음식 점검, 스트레스 점검
- 보호자에게 알림

설사
- 길다란 응가가 아닌 형태가 없어 둥글게 된 정도.
- 음식 상태, 스트레스 점검
- 지속되면 병원 내원

🐾 온습관리

계절	계절별 관리	상시 관리
봄 가을	환기	환기 공기청정기
여름	환기+냉방 에어컨, 선풍기	
겨울	환기+난방 보일러, 가습기, 온열기, 전기장판	

환기

미세먼지를 체크하고 나쁨 이상일 경우는 환기하지 않거나 아주 잠시만 환기한다. 이때 고양이가 창문으로 탈출하지 않도록 안전 사항을 미리 확인한다. 미세먼지가 나쁜 상태일 때 잠시 환기를 하는 이유는 이산화탄소 때문이다. 문이 닫혀 있으면 산소가 줄어들고 이산화탄소가 늘어나는데 이는 호흡과 직결되는 문제이기 때문에 공기 질이 나쁘더라도 산소는 들여보내는 것이 낫다. 요즘은 공기청정기가 집마다 있는 추세이다. 돌봄 시 동작하고 있는지 체크하도록 한다.

환기 중

환기 종료

에어컨, 선풍기, 제습기

에어컨은 여름철 대표 냉방기기이다. 캣시터가 방문했을 때만 작동요청(계실 때 켰다가 퇴실 전에 꺼주세요), 에어컨 꺼짐 예약 요청(*시간 후 꺼주세요), 다음날 켜짐 예약(내일 *시에 켜지게 해주세요) 요청이 가장 많다. 가전사별로 예약 방법이 다르기 때문에 대략의 방법은 숙지하고 있는 편이 좋다. 방법이 복잡하면 미리 보호자에게 방법을 문의한다. 선풍기는 계속 켜놓을 경우 과열되어 불이 날 수 있다. 캣시터가 집 안에 있는 동안만 켜서 안전사고가 나지 않도록 한다. 그외 IOT(Internet of Thing, 사물인터넷)의 발전으로 보호자가 직접 컨트롤하기도 한다.

가습기, 보일러 조절, 온열기

우리나라의 겨울은 몹시 춥다. 집안의 온도가 너무 낮거나 높으면 보호자와 상의하여 온도를 조절해 준다. 보일러의 온도 조절기는 한눈에 알아보기 쉬운 것도 있지만 그렇지 않은 것들도 많으므로 보호자에게 방법을 문의해 조절한다. 날씨가 건조해지면 수분 부족으로 눈도 뻑뻑해 눈곱이 생기기 쉽고, 고양이 털도 정전기가 많이 일어난다. 가습기를 사용할 경우 물을 충분히 보충해 준다. 간혹 추운 집은 온열기를 보조로 사용하는데 불이 나지 않도록 주변을 체크한다. 간격이 충분히 떨어져 있는지, 고양이들이 건드릴 위험은 없는지, 주변에 인화물질은 없는지 확인하고 위험 가능성이 있다면 보호자와 상의하여 치워 둔다. 보호자와 연락이 어렵다면 우선 치워 둔 후 보호자에게 알린다. 전기장판, 전기담요도 오래 켜놓으면 위험하다.

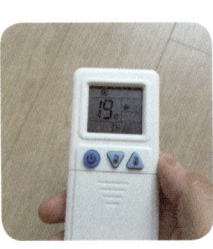
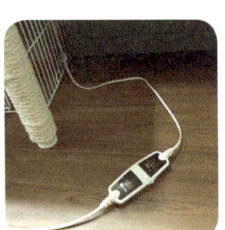

놀이돌봄

🐾 놀이의 종류

고양이가 혼자서 논다면 노는데 필요한 환경과 장난감을 갖추어 주어야 한다. 자연에서 살았다면 나무와 사냥감이 있었겠지만 실내에서 사는 고양이들은 대체품이 필요하다. 수직 환경을 위해서 캣타워가 있는 것이 좋고, 집안의 책장, 책상, 의자 등 가구나 집기를 활용해서 종종 수직 환경을 바꾸어 준다면 심심하지 않게 지낼 수 있다. 혼자 놀 때의 장난감으로는 공이나 쥐돌이같이 앞발로 가지고 놀 수 있는 것들이 적당하다.

여러 마리의 고양이가 함께 살면 그 자체로 자극이 된다. 고양이들끼리 그루밍도 하고, 힘겨루기도 하면서 관계를 갖고 사회성을 배운다. 고양이가 혼자인 경우는 운동 차원에서라도 보호자가 주기적으로 놀이를 해주어야 한다. 보호자가 없을 경우는 캣시터가 보호자의 역할을 대신해 고양이와 놀이시간을 갖도록 하자. 고양이가 사람과 놀이하기에 좋은 대표적인 장난감은 낚싯대이다.

🐾 장난감

장난감의 종류와 특징

고양이 장난감은 많고 많으나 캣시터들이 적응하기 쉽도록 많이 가지고 노는 장난감 위주로 소개한다. 장난감을 구매할 때는 용도에 맞게 잘 가지고 놀 수 있는 장난감을 선정하되 안전성을 고려하여 사용한다.

평소 가지고 놀지 않을 때는 별도의 장소에서 보관하도록 추천하는데 그 이유는 다음과 같다. 보호자가 없을 때 먹어서 탈이 날 수 있기 때문이고, 움직이지 않는(고양이 입장에서는 죽은) 장난감은 호기심이 감소하기 때문이다.

- **흥미감소** : 움직이지 않는(고양이 입장에서는 죽은) 장난감은 호기심이 감소한다.
- **이물질 흡입** : 보호자 부재시 장난감 조각이나 끈을 먹어서 탈이 날 수 있다.
- **사고방지** : 낚싯대 끈에 목이 감기기도 해 목숨을 잃는 사고가 날 수 있다.

놀이유형별 고양이 장난감

고양이 놀이 환경

캣타워 / 스크래쳐 / 숨숨매트 / 터널 / 해먹

다른 고양이와 함께 놀이용

양모공 / 쥐돌이 / 플레이박스

혼자 놀이용 장난감

영상 감상 / 공놀이 / 플레이서킷

보호자, 캣시터와 함께 놀이용

로봇물고기 / 낚시대 / 레이저

- **낚싯대** : 대표적인 고양이 장난감. 낚싯대 끝에 달린 물체를 사냥감으로 인식하고 추적할 수 있도록 다채롭고 역동적으로 흔들어 움직임을 준다. 바닥에서 일자로 긋기, 바닥에서 원 그리기, 달리기하듯 끌고 가기, 8자 그리기, 고양이 몸 위에서 돌리기, 고양이 몸주위 돌리기, 공중에서 획획 돌려 소리 내주기, 문이나 커튼 뒤에서 움직여주기 등 다채로운 기술을 고양이에게 선보일 수 있다.

- **어묵꼬치** : 낚싯대보다 작게 막대 끝에 어묵 모양의 물체가 달려 살랑거려 고양이를 유혹한다. 몸집이 작거나 어린 고양이에게 반응이 좋다. 구멍이나 틈이 보이는 바구니를 엎어 어묵꼬치를 넣었다 뺐다 하면 고양이가 흥미를 느낀다. 그냥 흔들어주기에 반응이 적어진다면 다른 물체를 응용해 관심을 북돋운다.

 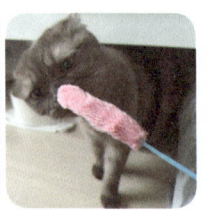

- **공/쥐돌이** : 고양이가 스스로 가지고 놀 수 있는 장난감으로 혼자 놀기에 좋다. 재질은 여러 가지이나 울로 된 양모공이 인기다.

- **터널** : 일자형 터널과 도넛형이 있다. 바스락거리는 재질로 만들어져 있어서 외부에서 건드리면 소리가 나 고양이에게 자극을 준다. 터널 구멍에는 어묵꼬치류의 장난감을 넣어 유혹하거나 터널 안쪽에 쥐돌이를 넣어주면 뜻밖의 만남(?)에 고양이가 반색할 수 있다.

- **디지털 사냥** : 휴대폰이나 아이패드에 물고기가 움직이거나 벌레가 움직이는 영상을 틀어주면 몰입하다가 사냥을 시작한다. 유튜브에 고양이사냥 등의 키워드 검색하면 찾을 수 있다. 이러한 형태로 고양이가 터치했을 때 반응을 보이는 앱도 있다. 주로 탐구형 고양이가 좋아하는 장난감이다.

- **로봇형 장난감** : 로봇벌레나 로봇물고기가 대표적이다. 적당한 소리도 나고 작은 움직임도 있어서 고양이의 흥미를 끈다. 무섭다고 하는 고양이도 있으니 참고. 로봇물고기는 투명한 그릇에 물을 담아 넣어주는 것이 불투명한 그릇보다 반응이 좋다.

- **플레이박스, 플레이서킷** : 플레이박스는 네모난 박스에 여러 구멍이 있어 그 안에 들어있는 공을 빼내거나 건지는 장난을 하기에 좋다. 어묵꼬치와 결합하면 시너지를 낸다. 플레이서킷은 그 안에 들어있는 공을 굴리기도 하고 작은 간식을 넣어주면 고양이가 앞발을 이용해 꺼내 먹어 성취감을 느끼기도 한다.

- **레이저 포인터, 거울반사** : 레이저 포인터를 처음 보는 고양이는 불빛을 무척 신기해하며 따라다닌다. 사냥하기 위해 점프하기도 하는데 실물이 없는 장난감이기에 허무감을 느낄 수 있으므로 사냥에 성공하면 간식을 준다. 포인터 놀이를 할 때는 불빛이 고양이 눈에 닿지 않도록 주의한다. 낮에 햇볕이 많을 때는 거울이나 휴대폰을 햇빛에 반사하면 천장이나 벽에 빛이 반사되어 고양이의 흥미를 끈다. 잡히지 않는 사냥감이라 고양이는 초조한 마음에 채터링을 하기도 한다.

장난감 응용

고양이 장난감들은 각각 가지고 놀 수 있지만 응용하면 놀이 방법이 훨씬 다양하므로 있는 집안의 도구들을 활용하자.

방문, 가구, 소파, 테이블, 빨래걸이

방문뒤에서 장난감 흔들기

가구 아래에서 장난감 윙윙

빨래걸이에 걸린 옷사이로 장난감 넣었다 빼기, 까꿍놀이

바구니, 박스, 종이가방

바구니 틈의 장난감 넣었다빼기

박스안에서 장난감으로 소리내기, 종이가방 안에서 장난감 흔들기

커튼, 담요, 침대시트

담요 아래에서 장난감 이동,
침대시트 아래에서 사람 손 움직움직

커튼 앞뒤로 장난감 감췄다빼기

🐾 놀이 방식

고양이의 특징과 취향에 따른 장난감 선택과 놀이 방법이다. 고양이의 컨디션이나 환경에 따라서도 선호했던 장난감이 바뀌기도 하므로 반응이 적어진 것은 나중에 다시 시도해 봐도 좋을 것이다.

고양이의 체구 : 작은 고양이 vs 큰 고양이

덩치가 작은 고양이는 작은 장난감, 끝에 깃털이나 작은 물체가 매달린 장난감을 추천한다. 덩치가 큰 고양이는 (겁이 많지 않다면) 간격 있고 속도도 빠르며 크기가 있는 것을 선호한다.

작은고양이 짧고 끝에 작은게 달려
살짝 흔들리는 낚싯대

큰고양이 휙휙 움직이는
큰깃털낚싯대

고양이의 나이 : 어린 고양이 vs 나이든 고양이

어린 고양이는 소리에 반응이 크다. 딸랑거리거나 바스락대는 장난감에 반응이 좋고, 나이 든 고양이는 냄새나 관찰할 수 있는 놀이에 반응이 좋다.

고양이의 기질 : 탐구형 vs 체육형

체육형 고양이는 말 그대로 몸을 써서 움직이고 사냥하는 것을 선호하고, 탐구형 고양이는 물건을 꺼내는 등의 관찰과 탐구를 통해 머리 쓰는 놀이를 선호하므로 기질에 맞는 놀이로 이끌어 준다. 대체로 로봇물고기는 탐구형 고양이가 좋아하는 장난감이다.

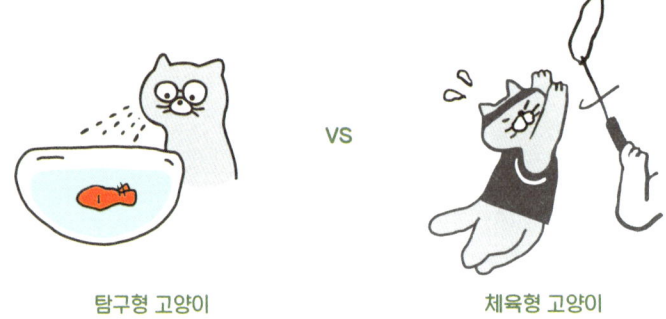

탐구형 고양이 vs 체육형 고양이

고양이의 시야 : 공중형 vs 바닥형

놀이를 시작할 때 낚싯대를 바닥부터 흔들어보고 공중으로 올려 흔들어보자. 고양이의 반응을 보면 바닥형인지 공중형인지 구분될 것이다. 둘 중 반응이 큰 쪽을 찾아서 시야에 맞는 장난감을 가지고 놀면 놀이에 더 적극적이 된다. 시야가 바닥형인 고양이는 공이나 쥐돌이 등 바닥에서 움직이는 장난감에 반응이 크고, 공중형 고양이는 낚싯대에 기민하게 반응한다.

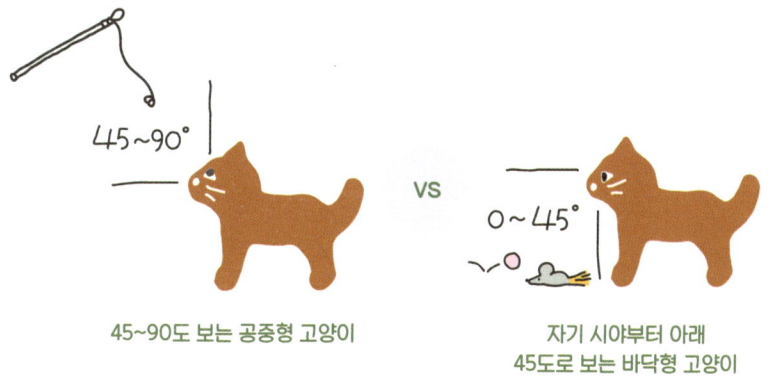

45~90도 보는 공중형 고양이 vs 자기 시야부터 아래 45도로 보는 바닥형 고양이

고양이에 컨디션과 눈높이에 맞춘 놀이

어린 고양이

3~5개월령의 어린 고양이는 캣시터가 놀이시도를 하고 있지 않더라도 이미 놀고 있을 것이다. 어린 시절 길에서 데려온 길고양이 출신 어린 고양이는 신변보호를 위해 경계가 심할 수 있지만 이 시기의 많은 고양이는 호기심이 넘치고 주변의 모든 것이 놀이가 된다. 특히 3개월 즈음에는 이갈이 시기라 장난감과 사람의 손을 종종 무는데 이때는 손으로 직접 놀아주지 말고 다른 인형을 가지고 놀거나 물도록 유도하는 것이 낫다. 사람을 자꾸 물면 "쓰읍~"이나 단호한 "안 돼!"로 하지 않아야 하는 것을 알려준다. 어린 시절 무는 것이 습관이 되면 평생 무는 고양이로 남을 수 있으므로 습관을 잘 잡아주도록 한다.

낯가림 있는 고양이

캣시터가 낯설다면 고양이가 놀이에 반응하지 않을 수도 있다. 이런 경우는 식사나 화장실 정리를 하면서 고양이가 자연스럽게 다가설 때까지 기다려 준다.

놀이할 준비가 되지 않았는데 가까이서 장난감을 흔들면 자칫 공격으로 오해할 수 있기 때문이다. 놀이의 목적은 고양이의 스트레스 해소이므로 편안한 상태가 될 수 있도록 맞춰준다.

고민하는 고양이
먼 곳에서 장난감의 흔들림을 주시하고 있다면 겁은 나지만 호기심이 많은 고양이로 볼 수 있다. 부담스럽지 않게 간격을 둔 상태에서 강도를 낮춰 고양이가 스스로 다가오거나 사냥하게 한다.

두려움이 큰 고양이
너무나 낯가림이 심해 떨거나 한다면 보호자와 상의하여 놀이돌봄은 생략하고 생활돌봄만 신속히 마치고 퇴실하는 것도 하나의 방법이다.

나이들거나 아픈 고양이
나이가 들었거나 몸이 아프다면 장난감에 반응하지 않을 수 있다. 직접 놀이를 하지 않더라도 이 고양이들에게는 관찰도 놀이가 될 수 있다. 유튜브에서 고양이가 좋아하는 영상을 틀어 주면 잘 보는 고양이도 있다. 조용히 일상을 묻거나 보호자가 고양이를 얼마나 아끼는 마음으로 캣시팅 요청을 했는지, 보호자가 돌아오는 시간은 언제인지 등 고양이에게 말을 걸어주면 고양이 안정에 도움이 된다.

놀이시 주의사항
개구호흡을 하면 당장 멈춤!
놀이를 격하게 오래 하면 고양이도 숨이 찬다. 달리기를 심하게 하면 숨이 차고

구토가 나는 것과 같은 이치이다. 고양이는 개와 달리 평소 입으로 호흡하지 않는다. 놀이 중에 입을 벌리고 숨을 헐떡이는 개구호흡을 한다면 당장 멈춘다. 호흡이 가라앉기를 5분 이상 기다렸다가 다시 시작하자.

혹시 놀이한 지 얼마 되지 않았고 별 무리한 동작이 없었음에도 개구호흡을 한다면 가벼운 놀이를 하자. 이런 고양이는 심장에 이상이 있을 확률이 있으므로 보호자에게 알려줄 필요가 있다. 건강검진 때나 병원 방문 시 심장 검사를 하도록 권유하는 것이 좋다. 품종 고양이 중에는 심장병이 유전인 고양이도 있어 해당 종(페르시안, 메인쿤, 렉돌, 아메리칸 숏헤어, 브리티시 숏헤어 등으로 알려짐)은 주의 깊게 살피며 놀이하도록 한다.

장난감이 눈에 스치지 않도록 흔들기!

캣시터가 진정 벌레나 새로 빙의(?)하여 고양이와 사냥놀이를 하면 캣시터나 고양이 모두 격해지기 마련이다. 특히 낚싯대는 캣시터의 몸에서 먼 상태에서 빠르고 격렬하게 흔들면 고양이 각막에 스칠 수 있으므로 각별히 주의한다.

관절이 약한 품종!

스코티시폴드와 같이 관절이 약한 품종의 고양이는 격렬히 뛰지 않도록 리드한다. 폴드라 할지라도 어릴 때는 꽤 발랄하게 뛰는 것이 자연스럽지만 관절은 보호해야 하므로 바닥이 푹신한 소파나 침대 위에서 놀이를 추천한다.

의료돌봄

평소 지병이 있거나 질병이 발생한 고양이들에게 보호자를 대신하여 약을 먹이는 등의 돌봄을 의료돌봄이라 칭하겠다. 의료돌봄은 수의사 대신 의료행위를 하는 것이 아니다. 아프거나 다쳤을 때는 병원에 가야 한다.

🐾 알약 투약

약 먹기를 좋아하는 사람이 별로 없듯이, 고양이도 약 먹기를 좋아하지는 않는다. 더군다나 스스로 먹지 못하기 때문에 보호자나 캣시터가 먹여줘야 하니 더 곤욕이다. 약 먹는 것은 속전속결로 끝내야 고양이든 사람이든 스트레스가 덜하다. 내 고양이가 아닌 고양이에게 약 먹이는 것은 쉬운 일은 아니다. 고양이와 주변 환경에 따라 성패가 다르며 캣시터의 실력과도 비례하지 않을 수 있다.

장기간 약을 먹는 고양이들은 약을 꺼내거나, 약이 있는 서랍만 열어도 금세 눈치를 채고 도망가기도 하므로 익숙하지 않은 고양이에게 약을 먹여야 할 때는 약을 준비해 놓고 다른 볼일을 보면서 때가 되었을 때(?) 빠르게 시도한다. 아카데미 수상자처럼 연기력이 필요하기도 하다.

순해서 잡히면 쉽게 약을 먹는 고양이는 '다른 돌봄을 하면서 근처에 가도 아무 일 없어'라는 인식을 주고 경계하지 않는 사이 얼른 잡아야 하고, 빠르게 약을 먹인 뒤 간식으로 나쁜 기억을 희석시킨다.

잡히지 않는 고양이는 좋아하는 것으로 유혹하는 방법이 있다. 고양이가 좋아하는 츄르형 간식을 꺼내 냄새를 풍기고 조금씩 덜어서 먹여 거리를 좁힌 뒤 입이 많이 벌어졌을 때 약 먹이기를 시도한다.

알약 손으로 먹이기

❶ 고양이의 몸을 움직이지 못하게 안거나, 몸통 위쪽에서 다리 사이에 끼고 한 손으로 고개를 들리면 입이 벌어진다.

고개들리기

❷ 송곳니를 기준으로 앞니와 좌우측 이빨들은 송곳니보다 작다. 다른 손으로 앞니나 옆니 사이에 손가락을 넣어 턱을 아래로 밀고 다른 손가락으로 알약 캡슐을 목구멍 최대한 가까이 밀어 넣어 준다.

고양이 입을 연 상태에서
목구멍에 알약 깊숙이 넣기

❸ 입을 얼른 닫고, 식도 쪽을 쓰다듬어 침을 삼켜 약이 내려가게 한다. 쓰다듬는 대신 주사기로 송곳니 사이에 물을 넣어 알약이 내려가기 쉽게 해주어도 된다.

입닫은상태에서 목 쓰다듬기

알약 필건으로 먹이기

필건은 주사기처럼 생긴 도구로 앞쪽에 알약 캡슐을 꽂아 고정하게 되어 있고 뒤는 손잡이가 달려 눌렀을 때 캡슐이 앞쪽으로 발사된다. 필건은 긴 일자로 되어 있는 것과 가위처럼 손가락을 넣을 수 있는 것이 있는데 장단이 있다. 긴 필건은 고양이와 거리가 있는 경우에 유리하고, 몸집이 작은 고양이는 짧은 것이 편리하다. 어느 종류든 캣시터의 손에 익은 것이 낫다.

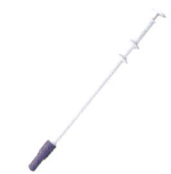
일자형 필건

❶ 고양이를 움직이지 못하게 하는 방법은 위와 동일하다. 필건으로 먹일 때는 고양이가 움직이지만 않는다면 굳이 몸을 결박하지 않아도 된다.

손잡이형 필건

❷ 필건은 고양이의 머리가 밀리지 않는 상태에서 입이 벌어지는 순간에 목구멍 가까이에 쏴 준다. 머리가 밀리지 않으려면 뒷머리 쪽을 잡거나, 스스로 입을 벌리면 되는데 좋아하는 간식을 먹이면서 입을 벌리는 순간을 이용한다.

* **고양이가 필건을 싫어하지 않도록 하기**

필건 끝에 츄르를 조금 발라 여러 번 먹이면 '필건 = 츄르먹는도구'로 인식하므로 투약 전에 조금씩 먹여 기분을 풀어주고 필건을 거부하지 않게 한다.

❸ 알약이 잘 들어갔으면 얼른 입을 닫아 삼키도록 한다. 침을 삼킬 수 있도록 목을 쓰다듬어 주거나 물을 주사기로 넣어주자.

🐾 가루약, 물약 투약

캡슐약은 캡슐을 벗기면 가루약이 나온다. 알약 먹이기가 어렵다면 캡슐을 제거해 가루약을 물에 개어서 먹여도 된다. 약 냄새가 관건이다.

약을 간식이나 음식에 섞어주는 방법

❶ 좋아하는 습식 간식이나 캔에 가루약을 섞어서 급여한다. 약 냄새가 강하지 않을 경우 아주 편리한 방법이다.

❷ 약 냄새가 강해 섞어준 습식을 먹지 않는다면, 그 위에 츄르 같은 습식간식을 덮는다. 츄르로 덮여있으면 츄르를 먹으면서 아래쪽에 약도 같이 먹으며 약 맛을 느끼지만 옆에 덮인 츄르향이 강하게 나서 한 번 더 먹고 한 번 더 먹으면 약을 거의 먹게 된다.

주사기나 물약병에 넣고 먹이는 방법

❶ 약을 물에 개어서 주사기로 빨아들인다. 주둥이가 긴 물 약병에 넣어도 된다. 이때 물이 너무 적으면 되직해서 주사기가 잘 나가지 않고, 물이 너무 많으면 고양이가 먹을 때 힘이 든다. 약에 물을 조금씩 섞어서 양을 조절한다.

❷ 고양이 입을 벌려 송곳니 옆 좌우 공간에 주사기를 대고 약을 쏜다. 한 번에 다 먹지 못하기도 하기 때문에 적당히 넘길 수 있는 양을 쏘아준다.

고양이 입 송곳니 사이 위치에 주사기 조준

안약, 귀약 투약

안약 투약

❶ 고양이를 안거나 머리를 손으로 잡는다.
❷ 고양이 눈 위에서 안약을 떨군다. 정면 위에서 떨어뜨리면 조준도 어렵고 고양이도 무서워할 수 있으므로 옆에서 빠르게 떨군다.
❸ 고양이는 본능적으로 털어내므로 안약이 흐를 동안 잠시 움직이지 못하게 한다.

귀약 투약

❶ 고양이를 안거나 머리를 뒤에서 받쳐 움직이지 않도록 한다.
❷ 귀를 열어 약을 빠르게 떨구고 귀를 닫고 문질문질하여 약이 잘 들어가서 비벼지도록 한다.

🐾 구토 처리

고양이 구토는 유심히 볼 필요가 있다. 그루밍을 많이 하여 헤어볼(고양이털 뭉치)을 토하기도 하고, 먹은 사료를 소화시키지 못하고 토하기도 한다. 어떤 종류는 지켜보고 판단해야 하지만 이물질을 먹고 토했을 때는 바로 병원으로 가자.
구토물은 사진을 찍어 날짜와 상태를 기록한다. 덩어리가 져 있다면 내용물을 확인하여 보호자에게 바로 알린다.
헤어볼은 우리가 생각하는 공처럼 동그란 모양이 아니라 위에 뭉쳐있다가 식도로 나오기 때문에 긴 호스 같은 모양이다.

위험도 낮음 (지켜보고 판단)		위험도 높음 (바로 병원가기)	
음식물	사료를 급하게 먹으면 소화가 안되 토하기도 함. 천천히 먹을 수 있는 식기 사용하여 예방가능	이물질	이물질을 먹으면 식도부터 위장까지 걸쳐 있을 수 있고 장기에 상처를 입힐 수 있어 몹시 위험
물, 흰거품	물이나 위액이 역류한 것으로 한두번은 문제 없음. 거품은 역류시 공기를 삼킨 것임.	빨간색, 짙은갈색	빨간색은 입부터 장까지에서 피가 났을 수 있고, 짙은 갈색은 소장이나 대장출혈 질환일 수 있음.
캣글라스, 밀싹 등 잎사귀	위 상태가 좋지 않을 때 잎을 먹고 위 속을 토해냄. 평소와 비슷한 움직임이면 지켜볼 것.	녹색	췌장액일 수 있어 병원 방문 필요
헤어볼	그루밍하며 쌓인 털이 위에 뭉쳐있다가 나옴.		

신체돌봄

🐾 빗질

빗질은 또 하나의 놀이 활동이기도 하고 고양이와 친밀감을 나누는 스킨십이기도 하다. 고양이는 친근감을 표현할 때 그루밍을 해주는데 빗질은 인간이 해주는 그루밍이 되겠다. 다만, 친근감이 형성되지 않았거나 빗의 모양에 따라 고양이가 거부하기도 한다. 고양이 돌봄 시에는 싫어하면 굳이 하지 않아도 된다.

장모종의 경우 빗질하지 않으면 털이 엉키기도 하고 이 기간이 길어지면 엉킨 털을 잘라내야 하므로 고양이가 싫어하지 않도록 적당한 타이밍을 고려해서 시도하자. 항문 주변 털에 이물질이 묻어 있으면 닦아주지만 엉켜서 닦을 수 없는 상황이면 조심히 가위로 잘라주는 것도 하나의 방법이다.

일자 실리콘빗
• 털이 걸리지 않아 뜯기는 느낌이 적음

헤드가 있는 T자빗
• 일반적으로 많이 사용함

일자 쇠빗
• 털이 긴때 효과적

칫솔형 빗
• 빗질의 목적보다 쓰다듬기에 효과적

빗의 형태와 재질

🐾 발톱깎기

실내에서 지내는 고양이의 발톱은 겹겹이 겹쳐진 형태이고 길면 무척 날카로워서 긁히면 다치기 쉽다. 돌봄을 앞둔 고양이 보호자는 캣시터의 안전을 고려하여 발톱을 미리 깎아주고 집을 비우기 추천한다. 고양이 발톱은 스크래치를 통해 갈리거나 한 겹씩 벗겨지기도 하지만 주기적으로 잘라 주어야 한다. 발톱이 길면 공격적이지 않더라도 함께 지내는 보호자와 다른 고양이가 다칠 수 있다.

발톱을 깎는 방법

❶ 고양이를 안아서 움직이지 못하도록 한다. 대부분의 고양이는 발톱깎기를 좋아하지 않는다.

❷ 고양이 발끝을 손으로 누르면 발톱이 나오는데 발톱중에서 붉은색으로 보이는 부분은 혈관이다. 발톱가위로 (사람 손톱깎이도 가능) 혈관을 피해서 하얀 부분만 잘라낸다.

* 붉은 부분을 잘못 잘라 피가 날 경우에는 지혈을 해야 한다. 소독액으로 소독한 뒤에 가루로 된 지혈제를 뿌려준다. 고양이가 핥지 못하도록 넥카라를 씌운다.

안전 점검

😺 창문, 방충망

봄가을은 창문을 열고 지내기 쉬운 계절이다. 창문에 일반적인 방충망만 있으면 고양이 탈출이 무척 쉽다. 방충망은 고양이 몸무게를 지탱하기 어려워 고양이가 창밖의 벌레나 새를 사냥하기 위해 덤벼들면 창밖으로 추락할 수도 있다. 환기를 위해 열어 둔다면 주시하고 있거나 고양이가 다가가지 못 하도록 해야

방묘창

한다. 고양이는 앞발을 사용해서 가벼운 방충망을 열기도 한다. 사뿐히 방충망을 열고 나가니 방심하지 않도록 한다. 지금까지 문 여는 방법을 모르거나 그곳이 열리는 곳이라는 것을 몰랐더라도 똑똑한 고양이는 문 여는 것을 '보면 학습'하고 문을 연다. 고양이가 있을 때는 절대 방충망은 열지 않아야 하며, 잠시라도 여는 모습도 보여주지 않는다.

어떤 고양이들은 유리 베란다 문을 머리로 밀어 열기도 하니 평소 문 여는 고양이는 각별히 탈출에 더 주의해야 한다.

😺 고양이 고립

방묘창 설치로 안전하다고 해도 창문이 열려 있다면 바람으로 인해 방문이 닫혀 고양이가 갇히는 경우도 생긴다. 방안에 갇히게 되면 화장실이나 밥그릇 접근이 어려워 굶거나 화장실을 참아야 하는 수가 생기고, 무엇보다 고양이는 쾅 닫히는 문소리에 놀라고 방에 갇히게 되므로 패닉이 와 트라우마가 생길 수 있다. 창문으로 들어오는 바람을 고려하여 관리하고 방문은 닫히지 않도록 무거운 물건으로 밀어 두거나 도어스토퍼를 이용한다.

도어스토퍼

😺 이물질

바닥에 비닐 조각, 고무줄, 작은 끈은 없는지 항상 살펴본다. 작고 반짝이거나 소리가 나고 움직이는 물체는 고양이에게는 무척 매혹적이다. 이물질을 먹게 되면 매우 위험하기 때문에 먹을 수 있는 물체는 바로바로 치우는 것이 안전하다. 간식이나 습식 파우치를 줄 때 개봉하면서 비닐 윗부분이 분리되는데 이런 것은 바로 버리는 것이 좋다. 좋은 냄새 나는 비닐을 잽싸게 먹는 고양이 사례가 있다. 이물질을 먹은 것이 의심되면 곧바로 병원으로 가야 한다. 비닐 이외에도 고양이가 혼자 놀다가 평소 가지고 노는 장난감 줄이 목에 감기기도 하므로 긴 줄이나 낚싯대, 깃털 장난감은 고양이가 꺼낼 수 없는 곳에 보관하도록 한다.

구토한 이물질

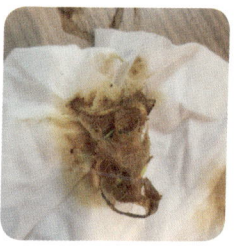

고양이가 책장이나 장식장에 올라가 장식해둔 도자기나 장식품을 건드리기도 하는데 도자기 재질은 아래로 떨어지면 깨지기 쉽고, 깨지면 파편이 발생해 고양이가 밟고 지나가면 다칠 수 있으므로 책장이나 장식장의 장식품은 안쪽으로 밀어놓는 것이 안전하다.

전열기구 주의와 전기 차단

외국에서 고양이로 인해 화재가 나는 사례는 한 번쯤 들어봤을 것이다. 국내에도 하이라이트 같은 전열 기구를 많이 사용하고 있는 추세여서 주의가 필요하다. 전열기뿐만 아니라 선풍기도 과열로 화재가 나기 쉽다(캣시터가 있을 때만 작동하는 것이 안전하다). 장시간 틀어놓지 않더라도 고양이가 멀쩡한 전선을 물어뜯어 스파크가 날 수 있으니 사용하지 않는 전기는 차단하는 것이 안전하다. 보호자가 준비하지 못하고 간 사이 화재가 나면 캣시터의 출입이 시비가 되기 쉬우므로 눈에 보이는 위험 사항은 제거하도록 하자.

전열기구 전기 차단

고양이 존재 확인

퇴실하기 전에는 반드시 고양이가 어디 있는지 확인해야 한다. 아까 보았으니 어딘가에 잘 있겠거니 하는 동안 고양이는 밖으로 탈출을 할 수도 있다. 특히

중문 닫기

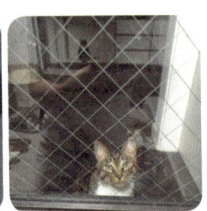

나 밖으로 나가는 문이 많은 주택의 경우는 주의한다. 탈출할 가능성이 있는 문들은 환기가 중요하더라도 문을 열지 않는다.

현관에서도 중문이 있다면 출입 시 항상 중문은 닫아놓는다. 중문이 없고 방묘문을 만들어 놓았다면 보호자가 보기에 위험성을 감지한 것이라 여겨도 충분하므로 반드시 문은 순서대로 닫으며 출입하도록 하자.

🐾 도어락

오래된 집들의 현관문은 시간이 지나면 조금씩 내려앉기 때문에 문의 유격이 잘 맞지 않을 때가 있다. 유격이 잘 맞지 않은 문은 여닫힘이 부자연스러워 도어락이 열렸는데도 열리지 않는 경우가 있고 도어락이 잠겼는데도 문은 떠 있을 수 있다. 오래된 문은 꽉 밀어서 누르고 잠근다. 모든 문은 잠그고 나면 다시 한번 당겨 확인하도록 한다.

도어락 잠김 확인

고양이 보호를 위한 안전 조치를 취했을 때 사진을 보호자에게 전송하여 알린다. 이는 보호자도 같이 안전 처리를 할 수 있도록 인식시키고, 집기 이동에 대한 불필요한 오해를 없애는 방법이다.

cat-sitter

PART 4

캣시터 역량 갖추기

방문돌봄에 필요한 기술들

집에서 내 고양이를 돌보는 것과 다른 보호자의 고양이를 전문적으로 돌보는 것은 차이가 있다. 고양이 돌봄 이외에 캣시터로서 갖추어야 할 여러 가지 기술들을 알아본다.

안전 관리

🐾 고양이 안전

입퇴실시 탈출 : 벨을 누르지 않고 비밀번호를 눌러 출입할 경우 처음에 고양이는 캣시터를 보호자가 온 것으로 착각해 밖으로 튀어나올 수 있다. 문을 조금만 열어 안쪽에 고양이가 있는지 먼저 확인한다. 고양이가 있으면 다리나 가방으로 공간을 채우고 밀며 들어간다.

위험한 물건 치우기 : 비닐, 도자기 등 고양이의 안전에 해가 되는 물건은 치워 위험한 상황을 만들지 않는다.

놀이시 흥분 주의 : 낚싯대로 격하게 놀다가 안구를 스치지 않도록 주의하고 과도한 흥분이 발생하지 않도록 한다. 놀이 중 개구호흡 발생 시 즉시 놀이를 멈춰야 한다. 격하게 놀지 않았음에도 개구호흡을 하면 심장에 문제가 있을 수 있으므로 주의해야 한다.

터치 주의 : 고양이가 너무나 이쁘고 사랑스러우면 캣시터도 이성을 잃기 쉽다. 너무 예뻐도 캣시터 마음대로 세게 만지지 않도록 한다.

🐾 보호자 안전

비밀번호 관리 : 비밀번호는 가급적 늦게 전달하고 전달받는 것이 낫다. 그사이 도난이 발생하거나 하면 캣시터가 의심의 대상이 되기 때문이다. 귀중품이 있다면 별도로 보관하도록 안내한다. 캣시터는 돌봄전날 비밀번호를 요청하고, 보호자는 집에 돌아와 비밀번호를 변경하자.

사생활 보호 : 돌봄 촬영 시 보호자의 사생활이 침해되지 않도록 주의한다. 예를 들어 벽에 걸린 사진이나 신분을 알 수 있는 졸업앨범, 직업이 드러나는 물건 등은 촬영되지 않도록 한다. 캣시터는 고양이가 활동하는 영역 이외에는 가급적 들어가지 않도록 한다.

돌봄물품 보관 표기 : 돌봄물품을 찾기 위해 수납장을 함부로 열지 않도록 한다. 미리 보호자에게 위치를 확인하거나 표시해달라고 요청한다. 표기가 없어 모르겠으면 보호자에게 문의한다.

🐾 캣시터 안전

고양이로부터 안전 : 사냥놀이를 하다 보면 몰입하고 흥분하여 발톱에 다치는 경우가 있다. 고양이를 다치지 않게 하는 것뿐만 아니라 캣시터도 다치지 않아야 한다. 고양이가 너무 흥분해 있다면 한숨 돌리고 다시 놀이를 시작해도 된다. 고양이가 하지 말아야 할 행동을 계속한다면 저지하며 낮고 강한 소리로 "안돼!" 하고 표현한다.

방문 전 사람 부존재 확인 : 예비미팅은 보호자를 만나러 가는 것이지만, 그 외에 실제 돌봄 시에는 가급적 사람이 있는 곳은 들어가지 않기를 권한다. 사람에 대한 위험은 보호자나 캣시터나 마찬가지이다. 보호자에게는 가족일 수 있지만 캣시터에게는 타인이다. 여성 캣시터는 남성 가족이 있는 경우 피하거나 남성 가족이 없을 때 방문할 수 있게 시차를 두도록 한다.

범죄가 많은 지역 주의 : 범죄가 많은 지역은 저녁 시간 돌봄을 갈 경우 이동 시 몹시 주의를 기울여야 한다. 특히 대중교통을 이용할 경우 걷는 시간이 많을 수 있기 때문에 위험에 노출될 수 있으므로 가급적 낮시간에 방문하는 것이 낫다.

보호자와의 소통

🐾 커뮤니케이션 도구

캣시터가 보호자와 소통하는 커뮤니케이션 도구가 있을 것이다. 카카오톡이나 문자, 회사의 앱, 각종 메신저가 그 도구인데 돌봄이 가까워지거나 돌봄 중에 요청사항들이 전달될 수 있다. 보호자는 곧 집을 떠나거나 떠나있기 때문에 불안도가 커져 있는 상태이므로 커뮤니케이션 요청 시 놓치지 않게 응대한다.

🐾 대화 방법

문의 응대 : 고양이의 상태나 밥, 대소변 등에 대한 궁금증을 물어올 때 있는 그대로 답변한다. 사진이 상태를 더 잘 나타낼 수 있다면 사진을 전송해도 좋다. 불필요한 걱정은 유발하지 않도록 대화한다.

캣시터의 말투 : 돌봄 관련 대화를 할 때 텍스트 형태로 대화를 할 때는 오해가 없도록 문구를 작성한다. 네, 아니오 단답형으로만 대답하면 자칫 캣시터의 기분에 대해 살피게 되므로 상냥하게 응대한다.

돌봄 이외의 사항 요청 : 돌봄과 관련 없는 사항을 요청하면 정중히 거절하도록 한다. "보호자님, 이 부분은 돌봄 업무에 해당하지 않는 것이라 요청하지 말아주십시오."

궁금한 사항을 미리 확인해주는 대화

이동과 기동성

지도앱과 내비게이션 활용

주소지를 보고 찾아가야 하므로 지도앱 사용이 필수이다. 카카오나 네이버 지도를 주로 이용하게 되는데 처음에는 지도앱만을 의지해 이동하나 경험이 많아지면 나만의 효율적인 동선이 생긴다. 자가용으로 이동할 경우 내비게이션을 이용한다.

카카오맵   네이버지도   티맵   카카오네비

대중교통 이용과 운전 이동

서울은 대중교통이 워낙 촘촘히 되어 있어 대중교통을 이용해도 불편함을 모르지만, 경기도와 지방으로 갈수록 자가용을 이용하는 것이 효율적이다. 자차로 30분 걸리는 거리가 대중교통으로 1시간 반이 걸리기도 한다. 방문돌봄은 직접 고양이를 돌보는 시간 외에 이동하는 시간이 크다. 초보 캣시터일 때는 고양이를 만나는 즐거움에 이동이 대수롭지 않으나, 캣시팅 일이 익숙해지고 이동이 많아지면 피로를 느끼게 되므로 체력에 부담이 덜 되는 방식으로 이동한다.

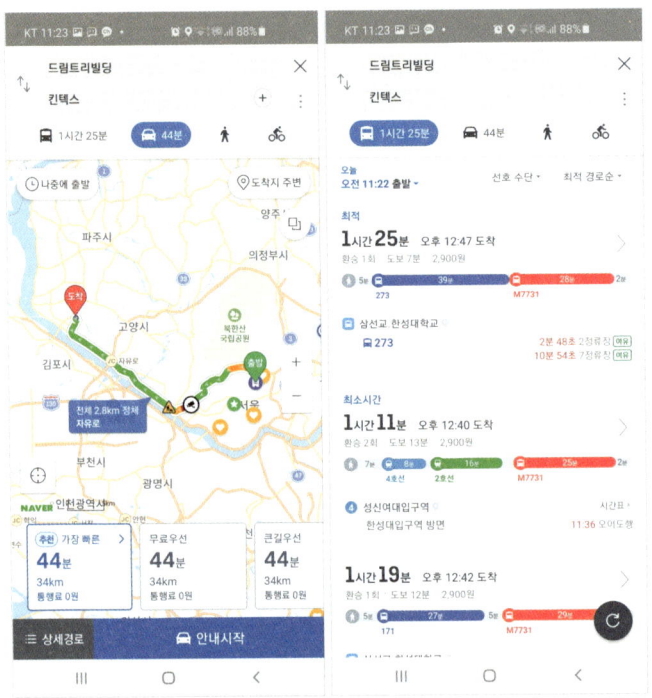

같은 거리 다른 이동시간

캣시터 역량 갖추기

복장과 태도

캣시팅은 고양이를 돌보는 전문서비스이다. 변호사가 깔끔하게 비즈니스 차림을 하고 클라이언트를 만나는 것처럼 캣시터도 고양이를 만나기 적합한 차림을 갖추는 것이 필요하다. 돌봄 활동을 할 수 있는 편안한 차림새가 기본이며, 깨끗하고 단정한 차림새를 권장한다.
보호자와 직접 만날 일은 없지만 항상 CCTV가 있다고 생각하는 것이 편하다.

몸을 조이지 않고 활동하기 쉬운 옷차림

치마보다는 바지가 바닥에 앉거나 하기 편리하다. 너무 짧은 하의는 피부에 털이 달라붙거나 놀이에 불편하다. 고양이 털이 피부에 박히면 미세하여 잘 보이지 않기도 해서 발견하지 못하고 이물감만 느껴지기도 한다. 회사의 유니폼이 있다면 가장 좋고 없다면 한두 가지 전용 복장을 마련해 이용한다. 편안하다고 해서 츄리닝이라 불리는 트레이닝복은 적합한 차림이 아니다.

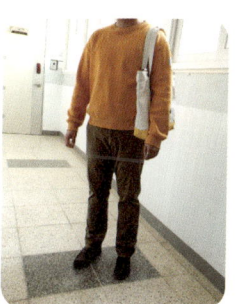

모자, 요란한 장신구, 맨발 비추천

요란하거나 크기가 큰 장신구는 고양이가 장난감으로 오해해 캣시터를 다치게 할 수 있다. 달랑거리는 귀걸이 팔찌를 고양이가 앞발로 채면 귓볼이 찢어지거나 발톱에 다칠 수 있다. 맨발은 캣시터를 프로페셔널하게 보이는 데 방해되며 바닥에 냄새나 땀이 남을 수 있고 미관상 좋지 않다. 여름이라도 양말이나 덧신 추천을 추천한다.

모자는 얼굴을 가리기 쉽고 뭔가 덧붙여지는 형태이기 때문에 고양이들이 무서워하는 아이템 중의 하나이다. 길에서 학대를 당하거나 한 고양이의 경우는 모자에 대해 트라우마를 갖고 있는 경우가 많다. 색상이 짙은 뿔테 안경도 마찬가지이다.

자세를 흐트리지 말 것

돌봄을 하다 보면 시간이 굉장히 빠르게 지나간다. 돌봄 중에 널부러질 시간이 없지만 평소 생활 습관이 느슨한 편이라면 오해를 일으킬 수 있으므로 불필요한 모습은 자제한다. 놀이 중에 소파에 앉을 수는 있지만 내가 쉬기 위해서 앉는 것이 아니다. 우리 집이 아니며 고양이를 돌보러 왔다는 것을 명심하자.

집기와 도구는 조심히 이용

돌봄 중에 화장실을 이용해야 한다든지, 고양이 털 때문에 옷을 갈아입어야 하는 때가 올 수도 있다. 화장실을 이용하게 된다면 깨끗하고 조심히 이용하자. 예민한 보호자라면 양해를 구하자. 대변을 보았다면 흔적이 남지 않도록 물을 내린 뒤에 변기 안을 확인하여 집에 돌아온 보호자가 당황하지 않도록 하자. 비누나 수건 등은 사용 후 원위치시킨다.

의도치 않았지만 집안의 집기에 이상이 생기는 수도 있다. 고양이와 놀이 중에 뒷걸음질을 치다가 장난감을 밟아 부러지기도 하고, 튀어나온 가구나 구조물이 파손될 수도 있다. 고양이 화장실을 치우기 위해 원목 화장실의 손잡이를 당겼는데 손잡이가 파손되기도 한다. 이는 캣시터의 잘못이라고 보기 어렵지만 최대한 집기를 조심히 다루는 습관은 필요하다. 놀이는 가급적 넓은 공간에서 하고, 물 묻은 손은 그릇을 잡았을 때 미끄러지기 쉬우므로 천천히 행동한다. 혹시라도 집기가 파손되거나 문제가 생겼을 때는 즉시 사진을 찍고 보호자에게 알려 상의하자.

파손된 물그릇

주택 출입

우리나라 도시의 주택은 아파트나 빌라 형태가 제일 많고 단독주택은 적은 편이다. 아파트나 오피스텔, 빌라 같은 공동주택은 공동현관이 있고 보안을 위해 비밀번호나 카드키를 사용한다. 개별 현관은 열쇠도 종종 사용한다.

번호키 도어락   열쇠   카드키

공동주택 출입

돌봄 전에 공동현관 비밀번호를 확인하여 출입한다. 통상적으로 아파트의 경우 세대호수를 누르고 세대별 비밀번호를 입력한다. 예를 들어 1234호의 비밀번호가 9876이라면 이렇게 누르는 식이다. #1234#9876# 아파트마다 방식은 조금씩 다르다. 빌라의 경우는  열쇠 모양, 경비원 모양, 초인종 모양 등 누르는 방식이 좀 더 다양하다. 돌봄 전에 보호자에게 정확한 방식을 확인하도록 하자.

도어락 이해

도어락은 일반적으로 ＊이나 #을 누르고 비밀번호를 누른뒤 ＊이나 #을 다시 누르면 띠리릭 소리가 나며 도어락이 해제된다. 비밀번호가 5678이라면 ＊5678＊을 누르면 된다. 그러나 보안차원에서 비밀번호를 누르기 전에 난수(특정한 위치에 지문이 남는 것을 고려하여 임의의 숫자를 보여주고 누르게 함)를 누르게 하기도 하고 도어락의 특정한 위치를 누른 뒤에 비밀번호를 누르게 하기도 한다. 비밀번호 요청시 앞뒤에 누르는 방법도 함께 보호자에게 요청해야 출입이 원활하다.

도어락 난수

주차

돌봄을 위해 차를 가져가면 해당 주택의 안내받은 영역에 주차한 후 차에 연락처를 남긴다. 아파트는 경비실에서 체크하거나 보호자가 앱으로 주차 확인을 해야 하는 경우도 있다. 빌라나 주택은 주차영역이 부족하여 이웃 간에 예민한 경우가 있어 미리 어느 곳에 주차할지 보호자에게 안내를 받는다. 주차지원이 어려운 경우는 근처 공영주차장을 이용하는 것이 경제적이다.

왜 현관문이 열리지 않을까?

정확한 방법으로 도어락을 눌렀는데 비밀번호가 틀리다고 나올 경우가 있다. 3번 이상 틀리게 되면 락이 걸려서 일시적으로 다시 시도할 수 없게 되므로 3번 정도 틀리게 되면 보호자에게 비밀번호를 다시 문의하도록 한다. 제일 많은 경우는 보호자가 비밀번호를 착각하여 잘 못 알려주는 케이스이다.

도어락이 뻑뻑대며 불이 꺼지거나 경고음이 나는 경우는 배터리가 다 되었을 때이다. 이때는 보호자에게 알리고 주변 편의점에서 9볼트 건전지를 구매하여 도어락 하단에 대고 시도하면 문이 열린다. 입실했을 때 도어락 건전지를 교체해야 다음 돌봄 때 같은 상황을 겪지 않을 수 있다.

촬영 기술

고양이 돌봄을 하면서 사진 촬영이 필요할까? 고양이만 잘 돌보면 되지 않을까? 물론 제일 중요한 것은 고양이를 잘 돌보는 것이지만 고양이 보호자에게 고양이가 충분한 보살핌을 받고 있다고 알리는 것도 필요하다. 어쩌면 멀리 떨어져 고양이를 걱정하는 보호자의 마음을 안심시키는 비타민 같은 것으로 생각하면 좋겠다. 깨끗한 환경에서 잘 먹고 잘 누고 잘 놀고 있는 모습을 보면 보호자는 일이든 여행이든 마음 편히 시간을 보내고 올 수 있을 것이다.

보호자를 안심하게 하는 필수사진

첫째는 고양이 사진이다. 고양이의 표정만 봐도 보호자들은 고양이가 어떤 기분이고 컨디션은 어떤지 바로 짐작할 수 있다. 고양이와 인사 후에 고양이를 촬영해서 잘 있는 모습을 보여주면 보호자는 반가움과 동시에 안도를 표할 것이다.

둘째는 돌봄 전후 사진이다. 고양이가 어떻게 생활했는지 보여주는 식후사진, 화장실 사진을 촬영하고 새 배식사진과 청소된 화장실, 그리고 건져낸 배변사진을 촬영하여 보호자에게 전송한다.

인사	식이 돌봄	환경 돌봄	놀이 돌봄	의료돌봄
• 실내 상태 • 고양이 상태	• 주식 전후 • 물 전후 • 간식 먹는중	• 화장실 전후 • 배변 상태 • 환기 등 • 환경돌봄 처리	• 놀이 사진 　- 장난감별 　- 장소별 　- 놀이 종류별	• 의료 처치(가능 범위내) 　- 투약 　- 주사 • 병원 방문시 　- 현황 사진 　- 영수증 등 증빙

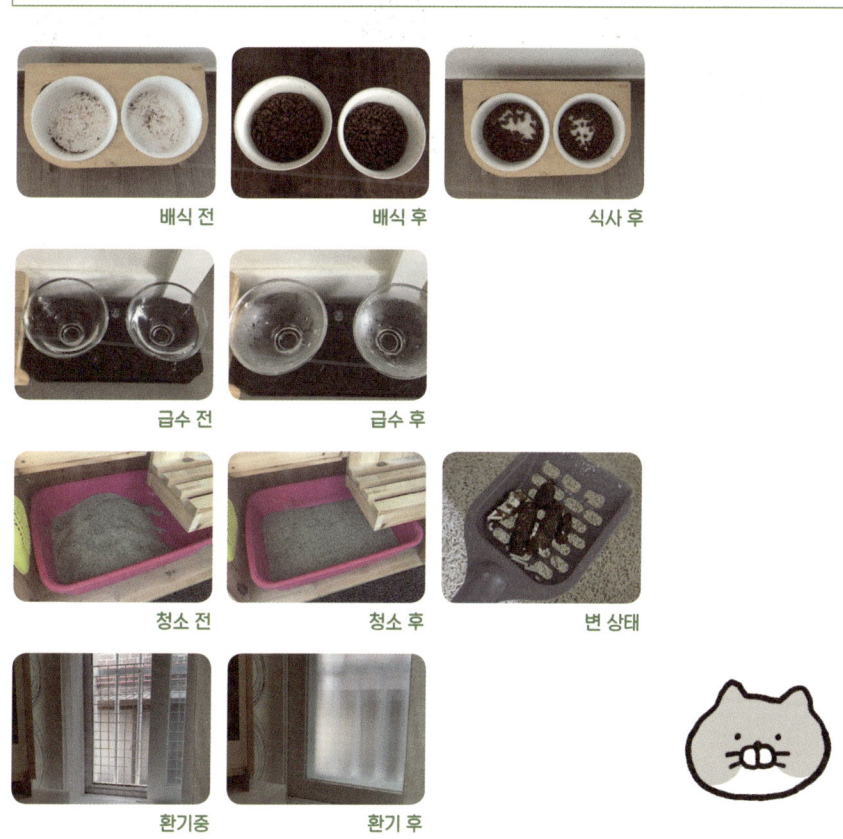

배식 전　　　　배식 후　　　　식사 후

급수 전　　　　급수 후

청소 전　　　　청소 후　　　　변 상태

환기중　　　　환기 후

세 번째 고양이의 놀이 사진이다. 스트레스 해소에 큰 도움이 되는 놀이를 하면서 고양이들의 즐거워하는 모습과 생동감 있는 모습을 촬영하여 보호자에게 전달한다.

촬영사진 전달

촬영한 사진은 순서대로 전달한다. 돌봄한 흐름순으로 전달해도 되고, 돌봄 종류별로 순서대로 전달해도 된다. 어느 순서이든 일관성 있게 전송해야 보호자가 돌봄 사항을 이해하기 쉽다.

액션캠 관리

🐾 액션캠 구매

액션캠은 작은 크기가 좋지만 화면을 확인할 수 있어야 원하는 대로 촬영하고 있는지 확인할 수 있다. 기능이 많을 필요는 없다.

액션캠은 CCTV와 달리 스포츠 같은 액션 활동을 위해 만들어져서 저장용량을 크게 차지한다. 프레임수(영상 1초당 들어있는 사진의 수)가 용량에 영향을 미치므로 구매 시 메모리 용량이 큰 것을 구매하는 것이 관리에 편리하고 프레임 수는 낮게 설정해둔다.

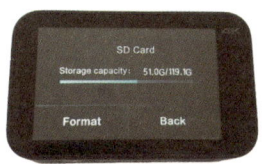
메모리 용량 지원

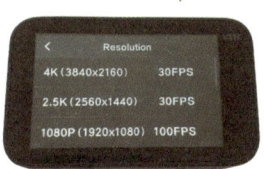
프레임수 설정

돌봄이 여러 건이면 액션캠의 전원도 길게 유지해야 한다. 배터리를 여분으로 구매해 사용하거나 충전 선을 가지고 다녀 비상시를 대비한다.

캣시터의 몸에 부착해 촬영하면 양손을 좀 더 자유롭게 쓸 수 있으며 프라이버시 침해도 적고, 캣시터의 행동을 가까이에서 녹화할 수 있다. 몸에 부착하여 촬영하려면 체스트스트랩을 이용하자.

액션캠 체스트스트랩

🐾 배터리와 메모리 여분 관리

돌봄 전날 저장된 내용은 컴퓨터나 클라우드로 옮겨두어 메모리를 비워둔다.
돌봄 중에 전원이 끊기지 않도록 액션캠을 충전해둔다.

배터리 충전   메모리 녹화용량 확보

트렌드 파악

🐾 유행하는 아이템들

고양이를 돌보기 위해서 집에 방문하면 낯선 아이템들을 발견할 수 있다. 우리 집에서 사용하지 않는 것들이 종종 보이는데 캣시터는 최대한 많은 물품을 알고 경험하는 것이 유리하다. 보호자들이 "○○○을 먹여주세요.", "□□□으로 놀아주는 걸 좋아해요.", "◇◇◇은 잘 사용하지 않아서 쓰지 않기로 했어요"라고 표현했을 때 그것이 무엇인지 알아들어야 하고 또 필요하다면 사용할 수 도 있어야 하기 때문이다.

일단 그것이 유행하는 제품이거나 새로 나왔을 경우 좋은 후기나 홍보활동이 있었을 것이고 그런 것들은 사람이 많은 곳, 즉 인터넷 카페나 SNS에서 노출이 되었을 것이다. 최근 히트 아이템이나 경험담, 혹은 그것에 대한 홍보이벤트들을 쉽게 볼 수 있으므로 주기적으로 둘러보면서 어떤 것들이 있는지 느껴보도록 하자. 자연스럽게 접하면서 고양이를 돌보러 갔을 때 체감하면 된다.

🐾 고양이계의 이슈

고양이계의 이슈도 마찬가지이다. 어디에서 고양이가 학대를 당했다든가, 어디 도움 줄 곳이 있다든가 하는 정보도 카페를 살펴보다 보면 자연스럽게 알게 된다. 트위터나 인스타그램 같은 SNS도 이슈를 파악하기 좋은 곳이니 고양이들의 요즘 트렌드는 어떤지, 보호자들이 어떤 것에 관심을 두고 있는지 알아 두자. 보호자들이 어떤 곳에 관심이 있는지 알고 소통하다 보면 어느새 해박한 지식이 쌓여있을 것이다. 어느 분야나 그러하나 끊임없이 공부해야 하는 분야가 캣시팅 분야이기도 하다.

인스타그램

트위터

고양이 카페

응급상황 대처

🐾 고양이 가출

고양이를 돌보고 있는 기간 동안 고양이가 가출한다면? 생각만 해도 하늘이 무너질 일이지만 실제로 이런 일들이 일어날 수 있기 때문에 반드시 가출과 탈출이 생기지 않도록 주의해야 한다. 특히나 아파트보다는 주택이 나가기 쉬운 환경이라 더 주의를 기울이자.

실제로 돌봄 기간 중에 고양이가 탈출한 사례가 있었다. 방충망을 열고 나가 주택 구조상 다시 집에 들어오고 있지 못하여 주변에서 찾아 집으로 데려왔다. 한적한 전원주택에서 창고를 통해 탈출했던 고양이는 며칠 후 다시 들어와 와구와구 밥을 먹기도 했다. 또한, 집 안에 숨어있는 경우도 있으니 시야에 잘 닿지 않는 머리 위쪽이나 책장도 잘 살펴보자.

만약 고양이가 탈출했을 시 빠른 대처를 해야 한다. 대개는 근처에 있으니 신속히 찾아야 한다. 보호자에게 먼저 알리고 고양이에 대한 좀 더 자세한 정보를 파악한 뒤 보호자와 함께 찾도록 한다.

보호자가 없는 동안은 고양이의 보호자는 캣시터이다. 탈출하지 않도록 평소 환경을 철저히 점검하는 것이 중요하나 탈출했을 경우 최선을 다해 찾아야 한다. 만약 관리 소홀로 고양이를 잃어버렸다면 그에 대한 책임을 져야 한다. 우리나라에서 고양이는 '타인의 재물'에 속하기 때문에 법적으로는 그에 대한 보상이 필요하다. 가족, 그것도 아이를 잃어버린 것과 마찬가지이기 때문에 꼭 찾을 수 있도록 최선을 다해 협력해야 하며, 법적 보상 이외에도 보호자에게 깊은 사과와 위로를 보내야 한다. 이는 아무리 강조해도 부족하다.

고양이 잃어버렸을 때 해야 할 일

1. 나간 곳 흔적 찾기
고양이가 어느 위치로 나갔는지 파악한다. 거기서부터 고양이의 동선을 추적해야 한다.

2. 근처에서 이름 부르며 찾기
고양이는 반드시 멀리가지 않는다고 한다. 보호자 목소리를 들을 수 있도록 불러서 찾는다. 외부에는 그 영역의 고양이가 있어 집고양이가 나갔을 때 위축되어 움직이지 못할 수 있으니 지하계단이나 담벼락 사이 등 꼼꼼하게 살핀다.

3. 고양이가 들어올 수 있는 문 열어두기
빌라나 주택이라면 고양이가 다시 찾아 들어올 수 있도록 문을 열어둔다.

4. 고양이 탐정 상담 및 요청
고양이 탐정에게 연락하면 일단은 고양이를 찾을 수 있도록 준비해야 할 것과 가이드를 알려준다. 알려주는 정보대로 찾아보고 필요하다면 출장을 요청한다.

5. 전단지 부착
고양이의 전신샷, 얼굴샷을 포함한 전단지를 만들어 잃어버린 장소를 중심으로 부착한다. 제보받을 전화번호를 기재하되 사례금이 제시되어 있으면 제보 확률이 더 높다고 전해진다.

🐾 고양이 병원 내원

보호자가 없는 동안 고양이들끼리 놀다가 다치는 경우도 있고, 캣시터가 질병을 발견하기도 한다. 보호자는 자기 고양이만 봐서 잘 모르는 경우도 있기 때문이다.
고양이의 상태가 의심스럽다면 보호자와 상의하여 병원에 갈지 결정한다. 다음과 같은 때 주의 깊게 살펴야 한다. 보호자에게 상황을 설명하면 평소에 있었던 컨디션이나 증상으로 위험 상황 여부를 판단할 수 있다.

고양이 상태를 주의깊게 살펴야 하는 경우

- 밥을 먹지 않고 움직이지도 않는 경우 (일반적으로 아플 때 증상)
- 좁은 틈사이에 끼어서 나오지 못할 경우 (골절의 위험)
- 놀이를 하지 않았는데도 숨을 헐떡이는 경우 (심장병의 위험)
- 그 외에 애옹애옹 울거나 절룩이는 경우 (골절이나 자상의 가능성)
- 주변에 유리나 도자기 등이 깨어져 위험물이 많은 경우 (자상의 위험)
- 캣타워나 고양이 활동반경에 피가 발견되는 경우 (자상이나 고양이간 싸움의 가능성)

병원 내원 준비

- 고양이를 병원에 데려가기 위해서는 이동장을 준비하고, 고양이 컨디션에 따라서 담요 등으로 감싸 아프거나 다친 부위에 영향을 덜 주도록 조치한 뒤 고양이가 놀라지 않게 이동장에 넣는다. 흥분하지 않도록 이동장 위에 담요 등을 덮어서 시선을 차단해 준다.
- 휴일이나 저녁 시간이면 병원이 쉴 수 있기 때문에 내원 전에 전화로 확인한다.
- 이동장으로 인해 운전이 어려운 상황이면 택시를 타고 병원으로 이동한다. 이동시간과 비용을 증빙할 수 있도록 교통비 영수증을 받아 둔다.

병원 내원 진료

병원에 도착해서는 접수 후 의사를 만나 먼저 상황을 설명한다. 진료와 관련된 부분은 보호자와 의사가 직접 대화할 수 있도록 연결해 준다. 전화 통화나 메신저 통화를 추천한다. 기존에 다니던 병원이라면 고양이에 대한 정보가 있어 좀 더 수월하게 진단할 수 있을 것이다. 의료에 대한 판단은 보호자와 의사가 상의해 결정해야 한다.

진료 후 집으로 돌아갈 때도 고양이가 흥분하거나 놀라지 않도록 달래며 이동한다.

cat-sitter 캣시터

PART 5

고양이 알기

캣시터가 알아야 할 고양이 상식

고양이에 대한 지식은 사람별로 천차만별이지만 캣시터는 고양이 돌봄 전문가이다.
캣시팅 현장에서 알아야 할 한국에서의 고양이 배경과 특징, 질환에 대해서 알아본다.

한국에서 많이 키우는
고양이 품종

🐾 한국의 토종고양이

코리아 숏헤어. 줄여서 '코숏'이라고 부르며 병원에서는 '도메스틱'이라고 표현한다. 길고양이들이 대부분 토종고양이며 야생성이 뛰어나고 운동성도 훌륭하다. 어릴 때 길에서 산 경험이 있다면 경계심이 클 수 있다.

* 개묘차가 분명히 있지만 만나본 고양이들을 경험치로 소개해본다.

치즈
순하고 사람에게 친화적

고등어
내향적이고 상냥한 편

젖소
옆집 삼촌 같은 덤덤함

삼색이
99% 암컷. 예민:애교(9:1)

턱시도
무던한 성향

카오스
순한편

🐾 브리티시 숏헤어, 아메리칸 숏헤어, 스코티시 폴드/스트레이트

최근에는 얼굴이 둥글고 순한 품종묘들이 많이 보인다. 귀가 접힌 스코티시폴드는 한때 인기였으나 유전병이 알려짐에 따라 자제하는 추세이다.

브리티시 숏헤어
둥근 얼굴에 순한 성격

아메리칸 숏헤어
큰 덩치에 느긋하고 낙천적이며
조용한 편

스코티시 폴드 / 스트레이트
둥근얼굴과 무난한 성격이나
연골이 약해 놀이 시 주의

🐾 노르웨이숲, 렉돌, 아비시니안

노르웨이숲
추위에 강하고 큰 체격
물을 좋아함

렉돌
인형처럼 순해 안아도
몸을 맡김

아비시니안
민첩하고 운동능력이 뛰어나
놀이로 에너지 방출 선호

🐾 페르시안, 샴, 터키시 앙고라, 러시안 블루

한국의 1세대 외국 출신 고양이들이다. 현재는 (이렇게 말하는 것이 무척 불편하지만) 유행이 지난 종이라 나이가 많은 고양이들이 많은 편이다.

페르시안
얌전하고
차분한 성향으로
털이 곱고 우아함

샴
감수성이 풍부하고
공격적 성향이
발현하기도 함

터키시 앙고라
활발하고
우아한 성향으로
오드아이는 난청이 많은 편

러시안 블루
영리하고
애정표현을 잘하며
낯가림 있는 편

고양이 심기파악

🐾 귀

기분이나 상태에 따라 귀의 모양이 달라진다.
귀를 뒤로 젖히거나 눕혔을 때는 일반적이거나 편안한 상태가 아니니 자극적인 행동이나 소리는 내지 않도록 한다.

 평상시
앞쪽을 향함

 평화로움
앞쪽을 향해 똑바로 세움

 화남
옆으로 비틀림

 경계, 무서움, 집중
아래로 내리거나 뒤로 젖힌귀

🐾 꼬리

꼬리가 하늘을 향해 있거나 직선일 때는 긍정적 싸인, 바닥을 향해 탁탁 치거나 부풀어 있을 때는 부정적 신호이다.

🐾 수염

수염은 레이더의 역할을 하는데 평소 옆을 향해 있으나 관심사가 생길 때는 앞으로 향해 있고 두려울 때는 뒤로 물러나 있다.

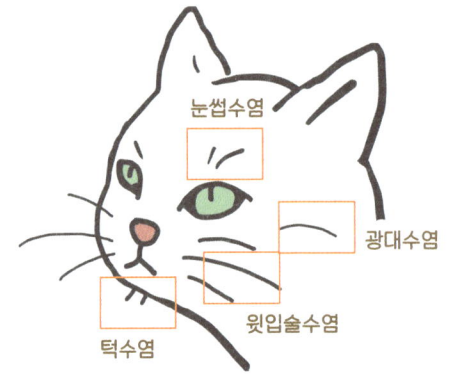

많이 걸리는 고양이 질환

보호자가 없는 동안은 캣시터가 고양이의 보호자 역할을 대리한다. 이때 고양이가 아프거나 다치게 되면 보호자와 상의하여 필요하다면 병원에 방문하도록 한다. 보호자가 발견하지 못한 질병의 증세가 있으면 즉시 현황을 전달한다.

🐾 내과 질환

범백 : 주로 어린 고양이에게서 많이 발병한다. 혈변이나 설사, 구토, 발열, 식욕감소 증세를 보인다. 어린 고양이가 걸리면 치명적으로 위험하다. 옮기는 질병이므로 특히 길고양이를 구조하게 된다면 초기 병원검진 후 단기간 분리하여 돌본다.

고양이 감기(허피스, 칼리시) : 눈물, 콧물, 재채기, 발열, 침흘림, 구토의 증세를 보인다.

전염성 복막염 : 코로나 바이러스가 원인. 발열, 식욕부진, 체중감소, 구토, 설사, 탈수, 복수/흉수, 황달, 포도막염, 호흡곤란, 신경증상, 걸음걸이 이상 등의 증세를 보인다.

특발성 방광염(하부뇨로 증후군) : 잦은 배뇨, 혈뇨, 화장실은 가나 배뇨를 못하는 증세를 보인다. 긴급히 병원에 가야하는 경우도 있으므로 보호자에게 빠르게 연락해야 한다.

🐾 치과 질환

만성 구내염 : 입안에 염증이 발생해 통증이 심하여 음식을 먹기 힘들다. 주로 면역력이 떨어져 있는 상태의 고양에게 발생한다. 길고양이뿐만 아니라 집고양이에게도 발생하므로 입 냄새가 나거나 밥을 잘 먹지 못하면 의심해봐야 한다.
치아흡수성병변 : 치아가 녹아서 흡수되는 질병으로 송곳니 뒤 어금니쪽에서 발생한다. 증상이 심하면 발치를 고려해야 한다.

🐾 안과 질환

알러지 : 알러지는 다방면에 나타날 수 있지만 눈가나 피부에 간지러운 현상으로 나타나 긁게 되면 피부가 붉게 되거나 벗겨질 수 있다. 사료와 간식을 하나씩 제외시켜 원인을 찾아 제거해준다.
스크래치 : 고양이끼리 놀거나 장난감 끝에 달린 물체에 눈을 스치면 상처가 날 수 있으므로 놀이시 주의한다. 계속 깜박이거나 하면 병원 방문을 고려한다.
포도막염 : 시력저하, 통증, 충혈, 눈물흘림의 증상이 있고 눈 표면이 뿌예지거나 후레시를 비춘 것처럼 보인다.

😺 외과 질환

골절 : 격하게 놀거나 추락 시 발생한다. 다리를 절거나 몸을 숨기고 터치시 민감한 반응을 보이면 자세히 관찰한다. 골절이 의심되면 움직임이 적도록 담요로 감싸 병원에 내원한다.

골연골이형성증 : 스코티시 폴드 종에 자주 나타나는 유전병이다. 선천적으로 연골이 약하므로 격한 놀이를 피하고, 점프가 필요한 놀이는 관절에 영향을 덜 받도록 침대나 소파 위에서 한다.

😺 피부과 질환

링웜(피부사상균) : 동그란 모양의 발진이 있고 그 부분에 털이 빠진다. 고양이 간에도, 사람에게도 옮는 질병이어서 한마리가 링웜에 걸렸다면 집안을 소독하여 다른 개체에 옮지 않도록 격리, 주의한다.

캣시터 첫걸음
좋은 캣시터를 위한 고양이 돌봄 가이드

초판 1쇄 발행 2020년 6월 5일

지은이   박미선 김도윤

펴낸이   강기원
펴낸곳   도서출판 이비컴

디자인   호기심고양이
일러스트 김을희
마케팅   박선왜

주 소   서울시 동대문구 천호대로81길 23, 수하우스 201호
전 화   02-2254-0658   팩 스 02-2254-0634
등록번호 제6-0596호(2002.4.9)
전자우편 bookbee@naver.com
ISBN   978-89-6245-176-4 (13520)

ⓒ 보듬온 박미선 김도윤, 2020

- 책 값은 뒤표지에 있습니다.
- 이 책의 내용을 재사용하려면 저작권자와 출판사의 동의를 받아야 합니다.
- 파본이나 잘못 인쇄된 책은 구입하신 서점에서 교환해 드립니다.
- 본문 일부 이미지 중 출처 확인불가로 쓰인 이미지는 확인하는대로 저작권법 관례를 준수하겠습니다.

「이 도서의 국립중앙도서관 출판예정도서목록(CIP)은 서지정보유통지원시스템 홈페이지 (http://seoji.nl.go.kr)와 가자료공동목록시스템(http://www.nl.go.kr/kolisnet)에서 이용하실 수 있습니다.(CIP제어번호: CIP2020021405)」